# LiBRAS
CONHECIMENTO ALÉM DOS SINAIS

# LiBRAS
## CONHECIMENTO ALÉM DOS SINAIS

MARIA CRISTINA DA CUNHA PEREIRA
DANIEL CHOI
MARIA INÊS VIEIRA
PRISCILLA GASPAR
RICARDO NAKASATO

© 2011 by Maria Cristina da Cunha Pereira, Daniel Choi,
Maria Inês da S. Vieira, Priscilla Gaspar e Ricardo Nakasato

Todos os direitos reservados. Nenhuma parte desta publicação poderá ser reproduzida ou transmitida de nenhum modo ou por algum outro meio, eletrônico ou mecânico, incluindo fotocópia, gravação ou qualquer outro tipo de sistema de armazenamento e transmissão de informação, sem prévia autorização, por escrito, da Pearson Education do Brasil.

*Diretor editorial*: Roger Trimer
*Gerente editorial*: Sabrina Cairo
*Editor de aquisição:* Vinícius Souza
*Editora de desenvolvimento*: Marina Lupinetti
*Coordenadora de produção editorial*: Thelma Babaoka
*Editor assistente*: Alexandre Pereira
*Preparação*: Luciana Garcia
*Revisão*: Renata Gonçalves
*Capa*: Alexandre Mieda
*Diagramação*: Megaart Design
*Ilustrações*: Daniel Choi
*Fotos da seção "Sobre os autores"*: Daniel Choi

Dados Internacionais de Catalogação na Publicação (CIP)
(Câmara Brasileira do Livro, SP, Brasil)

Libras / Daniel Choi...[et al.] ; organizadora Maria Cristina da Cunha Pereira. — 1. ed. — São Paulo : Pearson Prentice Hall, 2011.

Outros autores: Maria Inês da S. Vieira, Priscilla Roberta Gaspar de Oliveira, Ricardo Nakasato
ISBN 978-85-7605-878-6

1. Língua Brasileira de Sinais 2. Língua de sinais I. Choi, Daniel.
II. Vieira, Maria Inês da S. III. Oliveira, Priscilla Roberta Gaspar de.
IV. Nakasato, Ricardo. V. Pereira, Maria Cristina da Cunha.

11-01033   CDD-419

Índices para catálogo sistemático:
1. Surdos : Língua de sinais 419

3ª reimpressão – setembro 2013
Direitos exclusivos para a língua portuguesa cedidos à
Pearson Education do Brasil Ltda.,
uma empresa do grupo Pearson Education
Rua Nelson Francisco, 26
CEP 02712-100 – São Paulo – SP – Brasil
Fone: 11 2178-8686 – Fax: 11 2178-8688
e-mail: vendas@pearson.com

# Sumário

Prefácio .................................................. VII

Apresentação ............................................ XI

Agradecimentos ........................................ XV

**1** As línguas de sinais: sua importância para os Surdos .................................................. 1

**2** Língua brasileira de sinais – Libras: direito dos Surdos brasileiros ..................................... 23

**3** Aspectos linguísticos da língua brasileira de sinais ..... 57

**4** Ensino da língua brasileira de sinais ...................... 93

Referências ............................................. 115

Índice remissivo ....................................... 121

Sobre os autores ...................................... 125

# Prefácio

Sempre recebo os trabalhos escritos por Cristina Pereira ou por ela organizados como pérolas de conhecimento.

Ao me ser dado o privilégio de prefaciar este livro, pude usufruir, passo a passo, das linhas de seus capítulos e tirar delas momentos de grande satisfação profissional. Leitura eminentemente técnica e científica, mas jamais cansativa, a obra conduz o leitor ao "universo da surdez" de modo interativo em sua postura descritiva clara e objetiva.

O Capítulo 1, por exemplo, é um modelo de concisão de aspectos históricos indispensáveis para a compreensão do contexto psicossociocultural em que se insere a surdez e o Surdo. O tema, de modo geral cansativo, torna-se dinâmico por sua concisão e apresentação dos aspectos indispensáveis para que o leitor entenda não apenas o universo da surdez, mas também que possa identificar as imprecisões a respeito do tema por meio da apresentação dos "mitos" que o envolvem.

Destaco, como ponto fundamental, no Capítulo 2, a forma como os autores apresentam as características que determinam a identidade Surda. A clareza do texto traz à luz, para o leitor, as raízes dos papéis sociais e da língua que constrói a subjetividade, fatores que fundam essa identidade e que não são compreendidos, de modo geral, inclusive pelos pais, em sua maioria ouvintes. Neste capítulo, ressalto pontos-chave para o sucesso da integração da pessoa surda e seu autorreconhecimento como ser psicológico e social, por pontuações como:

> Na interação com adultos Surdos, as crianças terão oportunidade não só de aprender a língua de sinais, como também de construir uma identidade Surda por meio do acesso à cultura das comunidades Surdas.

> É preciso discutir, quando se analisa o sujeito cultural Surdo, a importância da língua como marcador de uma cultura.

> Neste momento, vemos a aprendizagem da língua como fator de formação do próprio eu. No caso de Surdos, isso pode significar que a aprendizagem e o uso de Libras ajudam a constituir o sujeito Surdo cultural.

Ao apresentar um cuidadoso relato sobre as línguas de sinais, o Capítulo 3 contempla tanto o leitor conhecedor e especialista em surdez, como o leigo interessado em se beneficiar desse conhecimento. A forma de exposição do tema é essencialmente didática.

As considerações feitas no Capítulo 4 trazem à tona as dificuldades encontradas no ensino-aprendizagem da língua de sinais, com parâmetros bem determinados em relação a uma língua estrangeira. Destaco os exemplos apresentados, que mostram as dificuldades do ouvinte aprendiz. A meu ver, é mais do que uma listagem de exemplos: mostra-se como uma exposição de motivos que introduzem possibilidades apresentadas no final do capítulo. Não há uma elaboração de propostas, mas, com certeza, há uma seta em direção ao alvo.

Na Apresentação, os autores destacam que o livro:

> procura contemplar aspectos considerados fundamentais pelos autores, professores de língua brasileira de sinais em instituição de ensino superior. Se ela [a proposta apresentada] puder ajudar os professores a elaborarem suas propostas, já terá cumprido seu objetivo.

Cumpriu, sim, e com muito sucesso. E o livro não atinge só os professores. Seu público estende-se a todos os interessados pelo tema surdez e sua identificação com o mundo: fonoaudiólogos, especialistas em surdez, pais, amigos e qualquer um que se interesse pelo tema. Fico muito feliz por ter a oportunidade de ver publicado este livro e sinto-me privilegiada por ter sido escolhida para escrever este Prefácio. Parabéns a vocês, Cristina, Inês, Ricardo, Daniel e Priscilla!

Sucesso mais do que merecido é o que desejo a este livro, sabendo que meus votos já estão, de antemão, cumpridos.

*Eulalia Fernandes*
Universidade do Estado do
Rio de Janeiro (UERJ)

# Apresentação

O reconhecimento da Língua Brasileira de Sinais — Libras — como língua oficial das comunidades surdas do Brasil, pela Lei Federal n. 10.436, de 24 de abril de 2002, trouxe mudanças significativas para a educação dos surdos.

A língua brasileira de sinais passou a receber cada vez mais atenção por parte de pesquisadores e de educadores, e cresceu significativamente o número de adeptos e defensores de seu uso. As escolas de Surdos passaram a contratar adultos Surdos para responder pela exposição dos alunos à língua de sinais, e as escolas regulares, em seus diferentes níveis, começaram a contratar intérpretes, buscando obter resultados mais eficientes na relação professores ouvintes–alunos surdos.

Em 2005, o Decreto Federal n. 5626, de 22 de dezembro, determina, no Capítulo II, a inclusão da disciplina de língua brasileira de sinais como obrigatória nos cursos de formação de professores e de fonoaudiologia. Algumas instituições já oferecem a disciplina e outras se preparam para fazê-lo, já que têm até 2015 para isso.

O Decreto estabelece a obrigatoriedade da disciplina, a ser ministrada preferencialmente por professor surdo, mas não faz referência a conteúdo ou carga horária. Cada instituição deve definir o conteúdo e a carga horária da disciplina em função dos objetivos estabelecidos no curso. Para isso, há de se definir, então, quais são esses objetivos.

Qual é o objetivo da disciplina de Libras nos cursos de formação de professores e de fonoaudiologia?

Responder a esta pergunta exige uma reflexão sobre nossa expectativa em relação à contribuição que a disciplina pode trazer para a formação do professor e do fonoaudiólogo.

Sendo professores de Libras, surdos e ouvintes, defendemos que ela faça parte do currículo escolar desde a educação básica. Teríamos, assim, escolas bilíngues, com professores e alunos usando a Libras nas salas de aula. Isso, no entanto, é o ideal.

O Decreto n. 5.626 torna a Libras disciplina obrigatória apenas nos cursos de graduação e, como não determina a carga horária, ela é muito pequena na maioria das instituições. Compatível, portanto, com duas ou três aulas semanais por um semestre, carga horária adotada por grande parte dos cursos de licenciatura, o que se pode esperar é que os futuros professores sejam capazes de estabelecer diálogos simples com os alunos surdos, conheçam os aspectos gramaticais da Libras e seu papel na educação e na constituição da cultura surda, que abandonem o paradigma social que geralmente associa a surdez à incapacidade ou ao comprometimento intelectual e que percebam a especificidade linguística da pessoa surda.

Considerando-se que muitos dos futuros professores terão contato com alunos surdos nas salas de aula comuns, incluídos com alunos ouvintes, o conhecimento que eles adquirirem nos cursos de graduação comporá, em muitos casos, a bagagem que levarão para sua prática. Assim, sensibilizar os futuros professores e fonoaudiólogos para as especificidades linguísticas desses alunos, possibilitar a constituição de uma imagem positiva da surdez e dos alunos surdos e acolher estes alunos interagindo com eles são alguns dos aspectos que consideramos fundamentais na disciplina de Libras.

Sabe-se que o sucesso no aprendizado de uma língua depende fortemente da motivação. Assim, se os alunos estiverem motivados, em pouco tempo terão condições de adquirir conhecimento básico em Libras. Uma vez motivados, eles poderão ampliar seu conhecimento da língua em cursos livres ou mesmo na interação com interlocutores surdos, nas comunidades surdas. Lá vivenciarão o que aprenderam na teoria. Esta é a melhor forma de se aprender a Libras.

A preocupação com possibilitar aos futuros professores e fonoaudiólogos uma base para o trabalho com alunos surdos além do aprendizado da Libras subsidiou a elaboração deste livro, cujo objetivo é apresentar uma proposta para a disciplina nos cursos superiores, que não é a única possível, mas que procura contemplar aspectos considerados fundamentais pelos autores, professores da língua brasileira de sinais em instituição de ensino superior. Se ela puder ajudar os professores a elaborarem suas propostas já terá cumprido seu objetivo.

O Capítulo 1 apresenta uma perspectiva histórica sobre a surdez e sobre a educação de surdos no mundo e no Brasil. Nesta recuperação da história, são focalizados os primeiros estudos sobre as línguas de sinais.

O Capítulo 2 aborda a importância da língua de sinais para a constituição da identidade dos Surdos e de uma cultura que, por ser eminentemente visual, apresenta várias diferenças em relação à cultura dos ouvintes.

O Capítulo 3 apresenta uma análise dos aspectos fonológicos, morfológicos, sintáticos e discursivos da Libras, com base em estudos linguísticos. Ilustrações ajudam os alunos a compreender a teoria.

O Capítulo 4 discute aspectos envolvidos no aprendizado das línguas de sinais, em particular da Libras, e propõe uma metodologia de ensino compatível com uma concepção discursiva de língua.

Com esse conteúdo, esperamos contribuir para o melhor conhecimento de todos os que estão sensíveis às questões da surdez e motivá-los a aprofundar seu conhecimento sobre a Libras.

# Agradecimentos

Agradecemos à DERDIC/PUC-SP, que nos possibilitou formação, vivência e experiência tanto na educação de Surdos como também na divulgação da Libras, da cultura Surda e da capacidade da pessoa Surda por meio de cursos, workshops e palestras, ampliando a acessibilidade da pessoa surda no mundo do trabalho, do conhecimento e da educação.

À PUC-SP por acreditar na capacidade do Surdo como professor de Libras.

À Professora Dra. Lucinda Brito por ter sido a primeira pesquisadora a reconhecer a Libras como língua, a pesquisar sua gramática, bem como a reconhecer a existência de uma cultura Surda.

Às associações de Surdos, à FENEIS e à comunidade Surda, por conservar a Libras viva desde sua introdução por E. Huet, resistindo à pressão social para oralizar o Surdo.

Aos alunos dos cursos de licenciatura e de fonoaudiologia da PUC-SP, por contribuírem para nosso aperfeiçoamento como professores de Libras.

# AS LÍNGUAS DE SINAIS

sua importância para os Surdos

# As línguas de sinais: sua importância para os Surdos[1]

A língua de sinais é a língua usada pela maioria dos Surdos, na vida diária. É a principal força que une a comunidade Surda, o símbolo de identificação entre seus membros.

É comum que se pense que a língua de sinais é universal, fácil de aprender e que permite a comunicação entre povos diferentes.

É verdade, como afirma Markowicz (1980), que um viajante surdo tem mais facilidade em entender e em se fazer entender no país que está visitando que um viajante ouvinte. Por meio do uso de **pantomima**, surdos de países diferentes são capazes de se comunicar melhor que pessoas ouvintes que falam diferentes línguas orais. Segundo o mesmo autor, em situações em que não há uma língua partilhada, as pessoas surdas dramatizam e descrevem uma pessoa ou um objeto sem usar a linguagem falada ou a língua de sinais; essa comunicação gestual dá a impressão de que existe só uma língua de sinais e que ela é universal.

> A **pantomima** consiste em usar o corpo e os gestos para se expressar.

---

1 Seguindo convenção proposta por James Woodward (1982), neste livro será usado o termo "surdo" para se referir à condição audiológica de não ouvir, e o termo "Surdo" para se referir a um grupo particular de pessoas surdas que partilham uma língua e uma cultura.

Embora, em certas situações, os Surdos recorram à pantomima para se comunicar, e embora, também, a representação pantomímica seja a fonte de muitos sinais, estudiosos das línguas de sinais (Bellugi e Klima, 1979) enfatizam que, por meio de abreviação — movimentos condensados, simplificados —, o sinal se torna bem diferente da pantomima.

Cada país tem sua língua de sinais, como tem sua língua na modalidade oral. As línguas de sinais são línguas naturais, ou seja, nasceram "naturalmente" nas comunidades Surdas. Uma vez que não se pode falar em comunidade universal, tampouco está correto falar em língua universal.

Outro aspecto a considerar é a relação estreita que existe entre língua e cultura. As línguas de sinais refletem a cultura dos diferentes países onde são usadas, e esse é mais um argumento contra a ideia de uma língua de sinais universal.

Não existe uma língua natural universal. Existem línguas artificiais, criadas com um determinado fim, como, por exemplo, facilitar o processamento de dados de um computador. Ainda no grupo das línguas artificiais estão as línguas auxiliares internacionais, como o esperanto, criadas para facilitar a comunicação verbal entre indivíduos de línguas diversas, na esperança de contribuir para um melhor relacionamento entre os povos. Como curiosidade, vale lembrar a existência do **gestuno**, criado para possibilitar a comunicação entre as pessoas surdas e, muitas vezes, usado pelos Surdos em conferências internacionais ou em viagens.

> O **gestuno** é uma língua artificial, criada com o objetivo de possibilitar a comunicação entre as pessoas surdas de diferentes países.

As línguas de sinais distinguem-se das línguas orais porque utilizam o canal visual-espacial em vez do oral-auditivo. Por esse motivo, são denominadas línguas de modalidade gestual-visual (ou visual-espacial), uma vez que a informação linguística é recebida pelos olhos e produzida no espaço, pelas mãos, pelo movimento do corpo e pela expressão facial.

Apesar da diferença existente entre línguas de sinais e línguas orais, ambas seguem os mesmos princípios com relação ao fato de que têm um léxico, isto é, um conjunto de símbolos convencionais, e uma gramática, ou seja, um sistema de regras que rege o uso e a combinação desses símbolos em unidades maiores.

Antes de aprofundar nossos estudos a respeito das línguas de sinais e de suas particularidades, vamos discutir um pouco o tratamento dado ao surdo ao longo da história, as concepções de surdez e a evolução das práticas educativas para esse grupo.

## Uma perspectiva histórica sobre a surdez e a educação de surdos

Uma retrospectiva histórica da educação de surdos permite constatar que, pelo prisma de misticismo da educação egípcia, pela filosofia grega, pela piedade cristã, pela necessidade de preservação e perpetuação da nobreza e do poder, pelo desejo de unificação da língua pátria, pelos avanços da medicina, da ciência e da tecnologia, ou pelos interesses políticos, diferentes concepções de surdez e de sujeito surdo permearam a escolha das abordagens usadas na educação do surdo.

No Egito antigo, os surdos eram considerados pessoas especialmente escolhidas. Seu silêncio e seu comportamento peculiar conferiam-lhes um ar de misticismo (Eriksson, 1998).

Já na Grécia antiga, pelo fato de as sociedades estarem constantemente em guerra ou envolvidas em conflitos armados, a bravura era considerada característica essencial. Além disso, o gosto estético dos gregos fazia que a feiúra ou o desvio fosse visto com desprezo. Assim, todos os indivíduos que fossem, de alguma forma, um peso para a sociedade eram exterminados.

Os filósofos gregos acreditavam que o pensamento só poderia ser concebido por meio das palavras articuladas. Por ter declarado o ouvido como o órgão de instrução e ter considerado a audição o canal mais importante para a inteligência, Aristóteles foi acusado de manter o surdo na ignorância por dois mil anos (Deland, apud Moores, 1996). Por não ouvirem, os surdos eram considerados desprovidos de razão, o que tornava sua educação uma tarefa impossível.

Também entre os romanos, a vida dos surdos era extremamente difícil. Como conta a história (cf. Eriksson, 1998), era conferido ao cabeça da família poder irrestrito sobre a vida de seus filhos. Assim, era comum que crianças com algum defeito fossem afogadas no rio Tibre.

O código de Justiniano, formulado no reinado do imperador Justiniano, no século VI, e que forneceu a base para a maioria dos sistemas legais na Europa moderna, determinou que os surdos que não falassem não poderiam herdar fortunas, ter propriedades nem escrever testamentos. Por outro lado, os que eram só surdos, e não mudos, tinham direitos legais de herdar títulos e propriedades.

Até a Renascença, a ideia de educar os surdos parecia impossível. É a partir do século XVI que se observa um esforço para educá-los. Começa, então, a história da educação de surdos.

Eriksson (1998), pesquisador surdo sueco, refere três fases na história da educação de surdos.

### Primeira fase: até 1760

Na primeira fase da história da educação dos surdos, as crianças surdas das famílias abastadas eram ensinadas individualmente por tutores — geralmente, médicos ou religiosos.

Pedro Ponce de Leon (1520-1584) foi um dos tutores que se destacou no ensino de surdos da nobreza espanhola. Seu objetivo era ensinar seus alunos a falar para que tivessem direito a herança. Ele utilizava o alfabeto manual com as duas mãos e fazia uma junção dos sinais usados pelos monges beneditinos que viviam sob a lei do silêncio e dos desenvolvidos pela família Velasco (Moores, 1996).

Entre os séculos XVI e XVIII, a educação das crianças surdas era planejada pela família. Para isso, eram contratados tutores com o objetivo de ensinar os surdos a se comunicar oralmente ou por escrito. Os métodos utilizados no ensino das crianças surdas eram muito semelhantes: os tutores usavam a fala, a escrita, o alfabeto manual e os sinais.

Como os professores queriam guardar segredo sobre os métodos que usavam, pouco se sabe sobre esse período.

### Segunda fase: de 1760 a 1880 — escolas para surdos

O segundo período da história da educação de surdos começa no final do século XVIII, quando três homens, desconhecidos entre si, fundaram escolas para surdos em diferentes países da Europa. As crianças surdas passaram a ser escolarizadas em vez de individualmente, como antes. A educação formal tem, então, seu início com três diferentes princípios e propostas no que diz respeito à língua usada.

Na França, o abade Charles-Michel de L'Epée, fundador da primeira escola para surdos no mundo, privilegiava a Língua de Sinais Francesa (LSF), que havia aprendido com os Surdos nas ruas de Paris. Teve o mérito de reconhecê-la como língua, divulgá-la e valorizá-la, bem como mostrar que, mesmo sem falar, os surdos eram humanos. Outra grande contribuição de L'Epée foi o fato de passar a educação do surdo de individual para coletiva, não mais privilegiando os aristocratas, mas estendendo a possibilidade de educação para surdos de todas as classes sociais (Moores, 1996). Os surdos educados por L'Epée formaram-se e foram seus multiplicadores, fundando escolas para surdos pelo mundo, inclusive no Brasil.

Com L'Epée, teve início o período conhecido como a "Época de ouro da educação de surdos", de 1780 até 1880, quando os surdos formados em seu Instituto de Surdos de Paris atingiram cargos que anteriormente eram ocupados apenas por ouvintes.

Já as escolas fundadas por Thomas Braidwood, na Inglaterra, e Samuel Heinicke, na Alemanha, privilegiavam a língua majoritária na modalidade oral. Braidwood usava a escrita e o alfabeto digital; ensinava seus alunos primeiro por meio da escrita, depois articulando as letras do alfabeto e passava, posteriormente, para a pronúncia de palavras inteiras.

Samuel Heinicke acreditava que a única ferramenta a ser usada na educação de surdos deveria ser a palavra falada. Argumentava que permitir aos estudantes surdos usar a língua de sinais inibiria seu progresso na fala. Nasceu, assim, uma nova corrente na educação de surdos, chamada "a escola alemã".

Heinicke acreditava que era somente aprendendo a fala articulada que a pessoa surda conseguiria uma posição na sociedade ouvinte. Usava máquinas de fala para demonstrar a posição apropriada dos órgãos vocais para a articulação e associava a pronúncia de vários sons vocálicos com certos sabores.

O **oralismo** de Heinicke recusava a língua de sinais, a gesticulação ou o alfabeto manual.

Como se pode observar, o abade de L'Epée defendia o **método visual**, enquanto Heinicke defendia o **método oral**. Estabeleceu-se, entre os dois, uma polêmica em relação à melhor língua a ser usada na educação de surdos.

No século XIX, o oralismo foi dominando as escolas para surdos, inclusive na França (Eriksson, 1998). Mesmo reconhecendo que, no método oral, os alunos surdos recebiam uma educação inferior, os defensores do oralismo acreditavam que, sendo a surdez medicamente incurável, as pessoas surdas deveriam falar a fim de se tornarem normais.

> O **oralismo** defende que a comunicação com e pelos surdos se dê exclusivamente pela fala, sendo os sinais e o alfabeto manual proibidos.
>
> O **método visual** baseia-se no uso dos gestos, dos sinais, do alfabeto manual e da escrita na educação dos surdos.
>
> O **método oral**, ou **oral-aural**, baseia-se no acesso à língua falada por meio da leitura labial (ou leitura orofacial) e da amplificação do som e na expressão por meio da fala.

A preferência pelo oralismo foi reconhecida no II Congresso Internacional de Educação do Surdo, ocorrido em Milão, na Itália, em 1880, quando ficou decidido que a educação dos surdos deveria se dar exclusivamente pelo método oral.

Com a aprovação do método oral, os professores surdos foram destituídos de seu papel de educadores e a língua de sinais foi proibida de ser usada pelos professores na educação e na comunicação com seus alunos surdos.

**Terceira fase: depois de 1880**

Depois do Congresso de Milão, o método oral tomou conta de toda a Europa — o que, segundo Lane (1989), se explica pela confluência do nacionalismo vigente na época — e estendeu-se por todo o mundo, permanecendo por quase cem anos.

De acordo com Marchesi (1991), durante o século XX, até os anos 1960, o método oral manteve uma posição dominante na Europa e na América.

Apesar da proibição da língua de sinais na educação, ela continuava a ser usada por adultos Surdos e pelos estudantes das escolas residenciais especiais. Criaram-se associações de Surdos, nas quais eram realizadas atividades diversas que serviam de ponto de referência fundamental para os Surdos. Grande parte dessas associações estava ligada à Igreja e a outras instituições de caráter religioso e protegia a comunicação por meio de sinais.

Com o advento da tecnologia eletroacústica, surgiram os aparelhos de amplificação sonora individuais, que permitiram um melhor aproveitamento dos resíduos auditivos, e, com isso, muitos passaram a acreditar na "cura"' da surdez, o que eliminaria de vez o uso de sinais. Surgiram, então, dentro da abordagem oralista, diferentes formas de trabalho que se baseavam na necessidade de oralizar o surdo, não permitindo o uso de sinais.

As abordagens orais, também conhecidas como "métodos orais-aurais", caracterizam-se pela ênfase na amplificação do som e no uso da fala. Dependendo do canal que é priorizado na recepção da linguagem, denomina-se abordagem unissensorial, que utiliza apenas a audição residual e o treinamento de fala, não contemplando o uso da visão, ou abordagem multissensorial, que, além do uso da audição residual e do treinamento de fala, utiliza a leitura orofacial (Moores, 1996).

A proibição do uso da língua de sinais na educação de surdos por mais de cem anos trouxe como consequências baixo rendimento escolar e a impossibilidade de o surdo prosseguir seus estudos em nível médio e superior. As expectativas de normalização do surdo, por meio de treinamento de audição e fala, transformou o espaço escolar em terapêutico, descaracterizando a escola como espaço de ensino, troca e ampliação de conhecimento. O ensino da fala tirava da escola para surdos um tempo precioso que deveria ser gasto com conhecimento de mundo e conteúdos escolares, entre outros. Por outro lado, a falta da oralização restringia as possibilidades de integração dos surdos nas escolas de ouvintes.

Na década de 1960, os resultados insatisfatórios obtidos pelo oralismo, os estudos que apontavam para uma superioridade acadêmica das crianças surdas filhas de pais surdos em comparação com aquelas filhas de pais ouvintes e as primeiras pesquisas linguísticas sobre a Língua de Sinais Americana (ASL, do inglês *American Sign Language*) — desenvolvidas por Stokoe, que tinham como objetivo atribuir-lhe estatuto linguístico (Moores, 1996) — levaram à adoção de uma abordagem que contemplasse os sinais na educação de surdos, a **comunicação total**.

> A **comunicação total** defende que os surdos tenham acesso à linguagem oral por meio da leitura orofacial, da amplificação, dos sinais e do alfabeto manual e que se expressem por meio da fala, dos sinais e do alfabeto manual.

Embora a comunicação total tenha sido concebida como filosofia que encorajava o uso de todas as formas de comunicação, incluindo sinais da língua de sinais americana, pantomima, desenho e alfabeto digital, entre outras, na prática, ela se tornou um método simultâneo que se caracterizava pelo uso concomitante da fala e da sinalização na ordem sintática da língua da comunidade ouvinte (Lane, Hoffmeister e Bahan, 1996). Tratava-se do uso de uma só língua produzida em duas modalidades, o que Schlesinger (1978) chamou de **bimodalismo**.

> O **bimodalismo** refere-se à exposição ou ao uso de uma só língua, produzida em duas modalidades: oral e gestual.

Na década de 1980, os Surdos, na condição de minoria, passaram a exigir o reconhecimento da língua de sinais como válida e passível de ser usada na educação de crianças surdas, a reivindicar o direito de ter reconhecida sua cultura e de transmitir essa cultura às crianças surdas. Saíram de uma situação de passividade, em que tinham sua vida decidida pelos ouvintes, e iniciaram um movimento que exigia respeito a seus direitos de cidadãos (Lane, 1992).

O movimento de reconhecimento da cultura, comunidade e identidade dos Surdos, além de afirmar a sua autenticidade por meio de trabalhos científicos, movimentos de protesto e ações culturais, conseguiu mobilizar alguns responsáveis por sua educação para que esta fosse reformulada. A nova proposta de trabalho recebeu o nome de **bilinguismo**.

> O **bilinguismo** refere-se ao ensino de duas línguas para os surdos: a primeira, a língua de sinais, dá o arcabouço para o aprendizado da segunda, a língua majoritária — preferencialmente na modalidade escrita.

O bilinguismo, como abordagem de educação para surdos, propõe que os alunos sejam expostos a duas línguas: a primeira, a língua de sinais, e a segunda, a língua majoritária da comunidade ouvinte, de preferência na modalidade escrita.

### Pequeno histórico da educação dos surdos no Brasil

A primeira escola para surdos no Brasil foi fundada em 1857, no Rio de Janeiro, por D. Pedro II, que solicitou o encaminhamento de um professor surdo ao ministro da República Francesa. O professor recomendado foi E. Huet,[2] que havia sido aluno do Instituto Nacional de Paris e trouxe para o Brasil a língua de sinais francesa (Lane, op. cit.).

Inicialmente denominado Imperial Instituto de Surdos-Mudos, a escola para surdos no Rio de Janeiro recebeu, posteriormente, o nome de Instituto Nacional de Educação de Surdos (INES).

Segundo Ciccone (1996), surdos brasileiros de várias regiões do país, que para lá se dirigiam em busca de ensino, foram educados por meio de linguagem escrita, do alfabeto digital e dos sinais. Assim, a língua de sinais e o alfabeto digital utilizados por Huet na educação do surdo passaram a ser usados e conhecidos em todo o Brasil, uma vez que esses estudantes retornavam para suas cidades de origem e os divulgavam. Nesse sentido, Huet é considerado o introdutor da língua de sinais no Brasil: trouxe, inicialmente, a língua de sinais francesa, que se mesclou com a

..........................
2   Há controvérsias sobre o primeiro nome de Huet. Apenas à guisa de exemplo, Rocha (1997) refere-se a Ernest, enquanto Moura (2000) usa Edward, e Vieira (2000), Edouard.

língua de sinais utilizada pelos surdos brasileiros e acabou formando a Língua Brasileira de Sinais.

Ao longo do tempo, como aconteceu com todas as escolas para surdos no mundo, as abordagens adotadas na educação de surdos foram acompanhando as tendências mundiais. Assim, por influência do Congresso de Milão, o Instituto Nacional de Educação de Surdos adotou o oralismo, depois a comunicação total, e, hoje, tem uma proposta de educação bilíngue para os alunos surdos.

O INES, atualmente com 153 anos, é a única instituição federal que atende alunos surdos.

Em São Paulo, a primeira escola para surdos foi o Instituto Santa Terezinha, fundado em 1929. Em 1954, foi fundado, também em São Paulo, o Instituto Educacional São Paulo (IESP), por iniciativa de pais de crianças surdas. Outras escolas particulares para surdos foram fundadas posteriormente na cidade, além de escolas municipais.

Pelo Brasil, há outras instituições que atendem exclusivamente alunos surdos. No entanto, a política de inclusão do governo federal tem levado ao fechamento de muitas escolas para surdos.

Embora não se possa falar em modelo único, todas as escolas para surdos em São Paulo estão em processo de construção de uma proposta de educação bilíngue, na qual a Língua Brasileira de Sinais (Libras) é a primeira língua e a língua portuguesa, na modalidade escrita, a segunda. Vejamos, então, um pouco mais sobre o bilinguismo.

## Bilinguismo na educação de Surdos

As crianças surdas que têm pais surdos, usuários da língua de sinais, geralmente a aprendem na interação com eles de forma semelhante e na mesma época em que as crianças ouvintes adquirem a língua majoritária. Além da língua de sinais, as crianças surdas filhas de pais surdos adquirem com a família aspectos da cultura Surda e identificam-se com a comunidade de Surdos.

Quando chegam à escola, essas crianças já contam com uma língua, com base na qual poderão aprender a língua majoritária, na modalidade escrita.

A maior parte das crianças surdas, no entanto, tem pais ouvintes, que não sabem a língua de sinais e usam a língua majoritária na modalidade oral para interagir com elas. Por causa da perda auditiva, as crianças surdas conseguem adquirir apenas fragmentos da fala dos pais. Consequentemente, embora cheguem à escola com alguma linguagem adquirida na interação com os pais ouvintes, não apresentam nenhuma língua constituída (Pereira, 2000).

O reconhecimento de que a língua de sinais possibilita o desenvolvimento das pessoas surdas em todos os seus aspectos, somado à reivindicação das comunidades de Surdos quanto à adoção da língua de sinais na educação, tem levado, nos últimos anos, muitas instituições a adotar um modelo bilíngue na educação dos alunos surdos. Nesse modelo, a primeira língua é a de sinais (que, por ser visual, é mais acessível aos alunos surdos), que dá o arcabouço para o aprendizado da segunda língua (preferencialmente na modalidade escrita, também por ser visual).

A aquisição da língua de sinais pelas crianças surdas filhas de pais ouvintes só poderá ocorrer na interação com adultos Surdos que as insiram no funcionamento linguístico da língua de sinais por meio de atividades discursivas que envolvam seu uso, como diálogos e relatos de histórias; isto é, em atividades semelhantes às vivenciadas por crianças ouvintes ou surdas filhas de pais Surdos na interação com os pais. A interação com adultos Surdos será propiciada por uma escola que conte com professores e profissionais surdos usuários da língua de sinais e com professores ouvintes fluentes que a usem na comunicação e no desenvolvimento do conteúdo programático.

O aprendizado da língua majoritária na modalidade escrita se dará por meio da exposição, desde cedo, a textos escritos, uma vez que a leitura se constitui na principal fonte para o aprendizado da língua majoritária. Por meio da língua de sinais, o professor deve explicar à criança o conteúdo dos textos, bem como mostrar a ela semelhanças e diferenças entre as duas línguas (Pereira, 2005).

## Primeiros estudos sobre línguas de sinais

Vimos que o bilinguismo se caracteriza pelo uso de duas línguas — sendo uma delas a de sinais, o que evidencia que as línguas de sinais são, de fato, línguas. Uma série de estudos desenvolvidos sobre essas línguas ao longo do tempo colaborou para que se chegasse a essa constatação e para que se entendesse melhor o funcionamento dessas línguas.

As primeiras pesquisas linguísticas sobre as línguas de sinais, mais especificamente sobre a língua de sinais americana, foram realizadas por William Stokoe, no início dos anos 1960, e tiveram como objetivo mostrar que os sinais poderiam ser vistos como mais do que gestos holísticos aos quais faltava uma estrutura interna (Stokoe, 1960). Ao contrário do que se poderia pensar à primeira vista, eles poderiam ser descritos em termos de um conjunto limitado de elementos formacionais que se combinavam para formar os sinais.

A análise das propriedades formais da língua de sinais americana revelou que ela apresenta organização formal nos mesmos níveis encontrados nas línguas faladas, incluindo um nível sublexical de estruturação interna do sinal (análoga ao nível fonológico das línguas orais) e um nível gramatical, que especifica os modos como os sinais devem ser combinados para formarem frases e orações (Klima e Bellugi, 1979).

Aos estudos sobre a língua de sinais americana se seguiram outros, cujo objeto eram as línguas de sinais usadas pelas comunidades de surdos em diferentes países, como França, Itália, Uruguai, Argentina, Suécia, Brasil e muitos outros.

Essas línguas são diferentes umas das outras e independem das línguas orais utilizadas nesses países. Diferente do que ocorre com as línguas orais, as de sinais fazem uso das mãos, do espaço, do movimento, do olhar e da expressão facial, o que deu origem a algumas ideias equivocadas, consideradas mitos pelos estudiosos das línguas de sinais. Markowicz (1980) identificou seis mitos, descritos a seguir:

- **Mito 1 — A língua de sinais é universal**
  Como já referido, as línguas de sinais são línguas naturais e, portanto, expressam desejos e necessidades das comunidades que as usam, bem como refletem seus aspectos

culturais. Uma vez que não existe comunidade nem cultura universais, não é correto dizer que as línguas de sinais são universais.

- **Mito 2 — A realidade deve basear-se na palavra**

As línguas de sinais foram muito criticadas por serem "conceituais" em vez de "baseadas na palavra". Markowicz alerta para o fato de que a principal função das línguas de sinais é expressar conceitos, assim como acontece com as línguas orais. No entanto, nas línguas de sinais, os conceitos são representados por sinais em vez de por palavras.

- **Mito 3 — Os sinais são gestos glorificados**

Para uma pessoa não familiarizada com uma língua de sinais, estes podem parecer movimentos aleatórios de mãos e corpo, acompanhados por expressões faciais variadas. Seria, para Markowicz, o mesmo que descrever uma língua falada como "ruídos" feitos com a boca. Os sinais são produzidos combinando-se simultaneamente configuração de mãos, localização, movimento, orientação das palmas das mãos e traços não manuais, como veremos no Capítulo 3.

- **Mito 4 — As línguas de sinais são icônicas**

As línguas de sinais são frequentemente descritas como icônicas, ou seja, baseadas na imagem (Markowicz, p. 4). Em outras palavras, a crítica refere-se ao fato de que muitos sinais parecem estabelecer uma relação direta, quase transparente, com o conceito a que se referem, diferentemente das línguas orais, nas quais a relação é arbitrária, ou seja, convencionalizada, e não motivada pela semelhança entre o objeto e a palavra usada para se referir a ele.

Apesar da relação icônica que grande parte dos sinais tem com seu referente, as modificações que sofrem ao longo do tempo e na combinação com outros sinais resultam em perda da iconicidade, o que os torna arbitrários.

- **Mito 5 — As línguas de sinais só expressam conceitos concretos**

    Sendo as línguas de sinais línguas naturais, pode-se afirmar que elas são ilimitadas, no sentido de que não há restrição quanto às possibilidades de expressão. Elas podem expressar quaisquer conceitos, concretos ou abstratos, simples ou complexos, relacionados a qualquer área do conhecimento. Além disso, aumentam seu vocabulário com novos sinais introduzidos pelas comunidades Surdas em resposta às mudanças culturais e tecnológicas. Assim, a cada necessidade surge um novo sinal, e, desde que seja aceito, será utilizado pela comunidade.

- **Mito 6 — As línguas de sinais são agramaticais**

    Como línguas naturais, as línguas de sinais possuem sua própria gramática, ou seja, um conjunto de regras que é partilhado por todos os seus usuários. Esse conjunto de regras deve permitir a expressão de qualquer ideia. Por fazerem uso do espaço e do corpo, as línguas de sinais apresentam diferenças significativas na forma de expressão se comparadas às línguas orais, o que levou algumas pessoas a as considerarem empobrecidas.

As línguas de sinais, em geral, não apresentam preposições, flexões e artigos, e poucas são as conjunções. No entanto, por meio do uso do espaço, é possível expressar as mesmas relações comumente expressas por meio das preposições nas línguas orais. Dessa forma, pode-se afirmar que as línguas de sinais não são empobrecidas em relação às línguas orais, mas sim que elas expressam com outros recursos as mesmas ideias. Como qualquer língua natural, as línguas de sinais não têm limite para expressar quaisquer conceitos, assim como apresentam formas diferentes de expressão. Os aspectos das línguas de sinais serão mais explorados no Capítulo 3, em que a Libras será abordada mais detalhadamente.

Durante quase cem anos as línguas de sinais foram proibidas nas escolas para surdos, sendo usadas de forma escondida nas associações e em pontos de encontro dos Surdos. Nos últimos anos, no entanto, com a mudança na concepção de surdez, e como resultado das lutas dos Surdos, elas vêm assumindo um papel importante em todos os espaços, o que tem resultado em ampliação significativa de seu vocabulário.

## Concepções de surdez e de surdos

Constatam-se, ao longo da história da educação de surdos, duas concepções de surdez que respondem por diferentes pontos de vista em relação ao sujeito surdo: a concepção clínico-patológica e a socioantropatológica.

### Concepção clínico-patológica

A surdez é vista como patologia, como deficiência, e o surdo, como deficiente. Sendo uma patologia, deve ser tratada, colocando-se aparelho de amplificação sonora individual ou fazendo-se implante coclear e procedendo-se a treinamento auditivo intensivo. O aproveitamento dos restos auditivos conduziria a uma fala melhor e afastaria o surdo do grupo dos deficientes (Skliar, 1997). Todo um investimento é feito para diminuir o déficit auditivo.

Nessa concepção de surdez, a linguagem oral é vista como imprescindível para o desenvolvimento cognitivo, social, afetivo-emocional e linguístico do surdo. A educação converte-se em terapêutica (reparadora e corretiva), e o objetivo do currículo escolar passa a ser dar ao sujeito o que lhe falta — a audição — e sua consequência mais visível — a fala.

Além disso, observa-se, como aponta Skliar (1997), um círculo vicioso: o educador parte da ideia de que seus alunos possuem um limite natural em seu processo de conhecimento — o que o leva a planejar o ensino de maneira aquém da capacidade do aluno —, obtém resultados que estão de acordo com essa percepção e atribui o fracasso ao aluno. Já o aluno elabora uma identidade deficitária em relação aos ouvintes, o que contribui para os baixos resultados de seu desenvolvimento global. Uma vez que esses alunos são concebidos como deficientes, não há investimento por parte dos profissionais e nem mesmo da família; como resultado, a maior parte dos alunos surdos sai da escola sem ter aprendido quase nada.

### Concepção socioantropológica

A surdez não é concebida como uma deficiência que impõe inúmeras restrições ao aluno, mas como uma diferença na forma como o indivíduo terá acesso às informações do mundo. Nesta concepção, o Surdo é considerado membro de uma comunidade minoritária, com direito a língua e cultura próprias. O tema da cultura Surda será tratado no Capítulo 2.

A língua de sinais constitui o elemento identificatório dos Surdos, e o fato de estes constituírem comunidade possibilita que compartilhem e conheçam as normas de uso dessa língua, já que interagem cotidianamente em um processo comunicativo eficaz e eficiente (Skliar, 2001). Ela não só possibilita o desenvolvimento da potencialidade linguística dos Surdos, mas também envolve o processamento de todos os mecanismos cognitivos.

A língua de sinais anula a deficiência linguística, consequência da surdez, e permite que os Surdos se constituam membros de uma comunidade linguística minoritária diferente, e não como um desvio da normalidade.

**A concepção de surdez e a prática docente**

Nos últimos anos, observa-se um movimento de mudança na concepção de surdez. Da concepção clínico-patológica seguiu-se a socioantropológica, ou seja, em vez de deficiência, a surdez passou a ser concebida como diferença, caracterizada, sobretudo, pela forma de acesso ao mundo, pela visão, em vez de pela audição, como acontece com os ouvintes. O acesso ao mundo pela visão inclui o direito à língua de sinais, que, por ser visual-gestual, não oferece dificuldade para ser adquirida pelos surdos.

Essa nova concepção interfere diretamente na prática dos docentes e, embora ainda tímido, esse movimento já resultou em algumas conquistas significativas para a educação de surdos e sua cultura, como veremos no capítulo a seguir.

# LÍNGUA BRASILEIRA DE SINAIS

Libras: direito dos Surdos brasileiros

2

# Língua brasileira de sinais – Libras: direito dos Surdos brasileiros

Vimos, no Capítulo 1, que os Surdos tiveram, historicamente, sua identidade estigmatizada e se sentiram desvalorizados pela sociedade ouvinte, que não aceitava a língua de sinais, considerada apenas mímica e gesto. O uso ou não da língua de sinais seria, portanto, o que definiria basicamente a identidade do sujeito, que só seria adquirida quando em contato com outro Surdo. O que ocorre, segundo Santana e Bérgamo (2005), é que, nesse contato com outro Surdo que também use a língua de sinais, surgem novas possibilidades interativas, de compreensão, de diálogo e de aprendizagem que não são possíveis por meio apenas da linguagem oral. A aquisição de uma língua — e de todos os mecanismos afeitos a ela — faz creditar à língua de sinais a capacidade de ser a única que pode oferecer uma identidade ao Surdo.

O que está por trás de tal afirmativa, para os autores, não é simplesmente uma questão de identidade social, mas, mais especificamente, uma identidade concebida a partir de um determinado pressuposto teórico. Ao tomar a língua como definidora de uma identidade social, ainda que se levem em conta as relações e os conflitos relativos às distintas posições ocupadas por grupos sociais, enfatiza-se o seu caráter instrumental. De fato, não existe uma identidade exclusiva e única, como a identidade Surda. Ela é construída por papéis sociais diferentes (pode-se ser surdo, rico, heterossexual, branco, professor, pai etc.) e também pela língua que constrói a subjetividade.

A identidade é construída sempre em relação ao grupo a que se pertence em oposição a outro, com o qual se estabelece uma relação de caráter negativo. A identidade é, assim, constituída por diferentes papéis sociais que assumimos e que, vale salientar, não são homogêneos. Podem ser religiosos (católicos, evangélicos etc.), políticos (de direita, de esquerda, socialistas, sociais democratas etc.), funcionais (metalúrgicos, vendedores, médicos etc.), estéticos (clubbers, punks, hippies etc.), de gênero (homens, mulheres), e assim por diante. Veremos, ao longo deste capítulo, aspectos relacionados à identidade, à cultura e a algumas conquistas dos Surdos.

## A interação do Surdo com o mundo

A maior parte das crianças surdas nasce em famílias ouvintes, que desconhecem a língua de sinais, têm dificuldade de aceitá-la e, por consequência, de usá-la com seus filhos. Nas suas interações familiares, as famílias privilegiam a linguagem oral, inacessível aos filhos surdos, o que resulta na exclusão deles das conversas, e, finalmente, no seu isolamento na família.

Por não terem acesso à linguagem oral usada pelas famílias e pelo fato de as famílias não usarem a língua de sinais, as crianças surdas filhas de pais ouvintes são privadas das conversas, assim como, muitas vezes, de atividades prazerosas, como contação de histórias, por exemplo. A não participação em tais atividades prejudica a constituição de conhecimento de mundo e de língua, disponível comumente às crianças ouvintes antes da escolarização (São Paulo, 2007, p. 8). Como resultado, embora possam contar com uma linguagem constituída na interação com os familiares ouvintes, as crianças surdas de pais ouvintes dificilmente chegam à escola com uma língua desenvolvida, seja a de sinais, seja a majoritária — a língua portuguesa, no caso dos surdos brasileiros. Se as crianças surdas filhas de pais ouvintes forem para uma escola para Surdos, poderão adquirir a língua de sinais na interação com adultos Surdos que, ao usar e interpretar os movimentos e enunciados das crianças surdas, as insiram no funcionamento linguístico-discursivo dessa língua (Pereira e Nakasato, 2002). A língua de sinais tem as mesmas funções que a língua portuguesa falada desempenha para os ouvintes.

Muitas famílias ouvintes que têm filhos surdos, no entanto, não aceitam que eles frequentem uma escola para Surdos, e, assim, as crianças crescem sem contato com pessoas Surdas.

Strobel (2008) destaca a importância de trazer as crianças surdas para o contato com Surdos adultos com o intuito de compartilhar o sentimento identificatório cultural. Isso evita a constituição de um "olhar" limitado, futuras angústias e ansiedades. Laborit (1994, p. 49), autora surda francesa, ao relatar seu primeiro encontro com um adulto Surdo, usuário da língua de sinais francesa, lembra:

> [...] compreendi imediatamente que não estava sozinha no mundo. Uma revelação imprevista. Um deslumbramento. Eu, que me acreditava única e destinada a morrer criança, como

costumam imaginar que aconteceria às crianças surdas, acabava de descobrir que existia um futuro possível, já que Alfredo era adulto e surdo!

E continua:

> Essa lógica cruel permanece enquanto as crianças surdas não se encontram com um adulto. Elas têm necessidade dessa identificação com os adultos, uma necessidade crucial.

Na interação com adultos Surdos, as crianças terão oportunidade não só de aprender a língua de sinais, como também de construir uma identidade Surda por meio do acesso à cultura das comunidades Surdas.

Diferentemente das crianças surdas que têm contato com adultos Surdos desde pequenas, é comum que o contato com a língua e com a cultura Surda aconteça com muitos Surdos quando já estão adultos, ou seja, com muito atraso, o que compromete não só a aquisição da língua de sinais, como a constituição de uma identidade Surda. Quando convivem na comunidade Surda, os Surdos se sentem mais motivados a valorizar a condição cultural de ser Surdo, ficam mais orgulhosos e autoconfiantes, estabelecem relações interculturais, entendem as diferenças dos outros mundos e das culturas, veem-se como sujeitos "diferentes" e não aceitam ser chamados de "deficientes".

As pessoas Surdas percebem o mundo de maneira diferente dos ouvintes. Utilizam a visão, enquanto os ouvintes utilizam a audição. Como exemplo, Strobel (2008) refere que os Surdos conseguem andar ao mesmo tempo em que escrevem a mensagem no celular, diferentemente dos ouvintes. Os ouvintes se esquecem de colocar avisos visuais, como o número da fila no médico ou no banco, por exemplo, para que os Surdos possam visualizar o número que está sendo chamado e se apresentar quando chegar sua vez de ser atendido.

Perlin e Miranda, autores Surdos, citados por Karin Strobel (2008, p. 39), explicam a experiência visual como sendo

> [...] a utilização da visão, (em substituição total à audição), como meio de comunicação. Desta experiência visual surge a cultura surda representada pela língua de sinais, pelo modo diferente de ser, de se expressar, de conhecer o mundo, de entrar nas artes, no conhecimento científico e acadêmico.

Quadros (2006), ao discutir as políticas linguísticas, destaca que os valores políticos marcam a educação de surdos e que, no Brasil, ainda se acredita que haja uma única língua. Salienta que "os surdos brasileiros resistiram à tirania do poder que tentou silenciar as mãos dos surdos, mas que, felizmente, fracassou nesse empreendimento autoritário". Continua com a defesa do uso da língua de sinais: "A língua de sinais brasileira é visual-espacial, representando por si só as possibilidades que traduzem as experiências surdas, ou seja, as experiências visuais". A autora deixa clara a importância dessa língua para os Surdos em todos os sentidos, derrubando a ideia de que se trata de uma língua limitada e destacando o quanto a língua contribui para a formação da identidade Surda. Para ela, "existe uma relação de poder instituída entre as línguas que reforça a dicotomia língua de sinais e língua portuguesa", destacando que, para os Surdos, a língua de sinais é vista como o primeiro elemento, ou seja, o mais importante.

Martins (2004, p. 204-205) afirma que: "Sem língua não existem nem os surdos nem o modo de ser, cultural, surdo. Existiriam apenas deficientes auditivos." E segue com uma boa afirmação em defesa da língua: "[...] não é simplesmente o nível de audição que vai definir quem é surdo ou deficiente auditivo" (op. cit.).

Atualmente, no Brasil, muitos Surdos se apropriam da própria língua e fazem um movimento intenso para garantir seus direitos de acesso a ela. Os próprios Surdos tomam a frente dos movimentos para o seu reconhecimento legal. Eles reivindicam a presença de intérpretes de língua de sinais em diferentes espaços, incluindo os espaços de negociação com os ouvintes para pensarem e definirem aspectos relacionados com sua própria vida (Quadros, 2006).

Além da defesa da Libras, busca-se relacionar a língua com poder e conhecimento. Ladd (2003) recoloca as prioridades em relação aos estudos das línguas de sinais a partir da perspectiva Surda. Os Surdos querem entender suas origens, buscar explicações de como sua língua se constituiu. Como afirma Ladd (2003, p. 14),

> [...] se entendemos que um povo se torna descolonializado quando estabelece seus próprios interesses e planeja seu próprio futuro, precisamos nos perguntar quais são as prioridades que estamos apresentando para as nossas investigações. Os Surdos querem saber sobre a própria língua para desvendar sua constituição no passado e no presente.

Ao se referirem à língua como ferramenta de poder, Cecílio e Souza (2009) afirmam que existe um peso ideológico por trás do uso de uma língua como forma de comunicação. Esse peso, hoje dado ao português, foi historicamente construído, visto que esta não era a língua de comunicação do Brasil Colônia (como muitos pensam). Assim como o português foi sendo imposto como domínio e acabou por dar identidade ao povo brasileiro, a Libras hoje é uma língua que precisa ser construída diariamente por seus usuários, que enfrentam a difícil tarefa de dar visibilidade e importância a ela. Mesmo sabendo que é usada pela grande maioria dos sujeitos Surdos no Brasil, essa língua ainda enfrenta barreiras para ser aceita pela sociedade ouvinte, pois dar visibilidade a ela é dar significado a tudo que ela representa, o que, em termos de poder, discurso e ideologia, não é bem aceito por muitos ouvintes em nossa sociedade.

De acordo com essa perspectiva, conhecimento é poder: dominar e utilizar uma língua é ter acesso a esse poder. O que parte do mundo ouvinte tenta fazer é limitar esse acesso ao mundo Surdo por preconceito, falta de informações ou domínio do considerado diferente. A língua e a linguagem são elementos fundamentais nos discursos, na ideologia, na sociedade e na formação de uma identidade, seja ela coletiva ou individualizada.

Conforme afirma Hall (1997, p. 261) em seu texto *O espetáculo do outro*, referindo-se a Gramsci e Foucault:

> O poder envolve conhecimento, representação, ideias, liderança e autoridade cultural, bem como constrangimento econômico e coerção física. Eles teriam concordado que o poder não pode ser capturado pelo pensar exclusivamente em termos de força e coerção: o poder seduz, solicita, induz, conquista o consenso.

Pode-se entender, então, que ter poder tem a ver com ter visibilidade, obter, mesmo que não de forma totalitária, o consenso de um discurso. Representar aquilo que se quer, da forma como se deseja apresentar: esse parece ser um dos "nós" quando se relaciona poder e representação. Ainda que o poder circule e possa ser encontrado em toda parte, a forma como as relações sociais são envolvidas por ele se reflete em como as pessoas atuam em suas comunidades, ora representadas como dominantes, ora como dominadas.

Essas relações de poder são determinantes para se compreender melhor como a educação, as relações sociais, o trabalho, o uso de uma língua, as relações afetivas etc. estão em constante disputa, tensão e negociações. E tanto o Surdo como o ouvinte se encontram engrenados nesse sistema e nesse jogo de representatividade. Por isso, a disputa pelo poder envolve tanto a formação de discursos coesos quanto a tentativa de usar a língua como instrumentos para alcançá-lo.

Quando se analisa o sujeito cultural Surdo, é preciso discutir a importância da língua como marcador de uma cultura. De acordo com Lacan, citado por Hall (2006, p. 37),

> A formação do eu no 'olhar' do Outro [...] inicia a relação da criança com os sistemas simbólicos fora dela mesma e é, assim, o momento da sua entrada nos vários sistemas de representação simbólica — incluindo a língua, a cultura e a diferença sexual.

Neste momento, vemos a aprendizagem da língua como fator de formação do próprio eu. No caso de Surdos, isso pode significar que a aprendizagem e o uso de Libras ajudam a constituir o sujeito Surdo cultural.

Na história, constata-se que os Surdos sofreram perseguições pelas pessoas ouvintes, que não aceitavam as diferenças e exigiam uma cultura única por meio do **modelo ouvintista** ou **ouvintismo**. São muitas as lutas e histórias nas comunidades Surdas, em que o povo Surdo se une contra as práticas dos ouvintes que não respeitam a cultura Surda (Strobel, 2008).

> O **ouvintismo** é um termo usado por Skliar (1998, p. 15) para se referir a um conjunto de representações dos ouvintes, a partir do qual o surdo está obrigado a olhar-se e narrar-se como se fosse ouvinte.

Ainda hoje, muitos ouvintes tentam diminuir os Surdos para que vivam isolados e tendo de assumir a cultura ouvinte, como se esta fosse uma cultura única; ser "normal" para a sociedade significa ouvir e falar oralmente. Os ouvintes não prestam atenção aos Surdos que se comunicam por meio da Libras. Consequentemente, não acreditam que os Surdos sejam capazes de estudar em faculdade ou realizar mestrado e doutorado, por exemplo. "Os sujeitos ouvintes veem os sujeitos surdos com curiosidade e, às vezes, zombam por eles serem diferentes" (Strobel, 2008, p. 22).

A luta dos Surdos tem conduzido a várias vitórias, como o reconhecimento da Libras, o direito a tradutores e intérpretes da língua brasileira de sinais–língua portuguesa e a uma educação bilíngue para as crianças Surdas, que contemple a Libras e o português, este na modalidade escrita, entre muitas outras conquistas.

Outra conquista dos Surdos foi a de comemoração do "Dia do Surdo", que, no Brasil, é o dia 26 de setembro, dia da fundação da primeira escola para surdos no Brasil. Trata-se do atual Instituto

Nacional de Educação dos Surdos (INES), fundado no Rio de Janeiro no dia 26 de setembro de 1857.

## Cultura Surda

Os Surdos constituem uma comunidade linguística minoritária, cujos elementos identificatórios são a língua de sinais e uma cultura própria eminentemente visual. Têm um espírito gregário muito importante que se manifesta em vários espaços. Esses espaços "dos Surdos" são associações e clubes de Surdos onde desenvolvem suas próprias atividades. Constituem refúgios naturais da língua de sinais e da identidade Surda (Strobel, 2008, p. 45).

Diante da comunidade majoritariamente ouvinte, as comunidades Surdas apresentam suas próprias condutas linguísticas e seus valores culturais. A comunidade Surda tem uma atitude diferente diante do déficit auditivo, já que não leva em conta o grau de perda auditiva de seus membros. Pertencer à comunidade Surda pode ser definido pelo domínio da língua de sinais e pelos sentimentos de identidade grupal, fatores que consideram a surdez como uma diferença, e não como uma deficiência.

Como ocorre com qualquer outra cultura, os membros das comunidades de Surdos compartilham valores, crenças, comportamentos e, o mais importante, uma língua diferente da utilizada pelo restante da sociedade.

A língua de sinais, uma língua visual-espacial com gramática própria, é uma das maiores produções culturais dos Surdos (Perlin, 2006). Lane, Hoffmeister e Bahan (1996) referem que a língua de sinais tem basicamente três papéis para os Surdos: ela é símbolo da identidade social, é um meio de interação social e é um depositário de conhecimento cultural.

## Símbolo de identidade

A língua de sinais é um poderoso símbolo de identidade para os Surdos, em parte por causa da luta para encontrar sua identidade em um mundo ouvinte que tem tradicionalmente desprezado sua língua e negado a sua cultura.

## Meio de interação social

Esta é uma das razões, segundo Lane, Hoffmeister e Bahan (1996), do poder da língua de sinais como símbolo de identidade. Os autores ressaltam que falta à maior parte das crianças surdas um meio efetivo de interação social até que elas encontrem a língua de sinais. Esse encontro não só fornece a base para a identificação com os membros da cultura, transformando um indivíduo rejeitado em um membro participante de uma sociedade, como também possibilita a comunicação completa e fácil.

O conhecimento de vida e de mundo de muitas pessoas Surdas foi-lhes passado por outros Surdos. Como a língua de sinais é o principal meio de interação social para a maioria das pessoas surdas, é por ela que costumam ter acesso ao conhecimento de mundo em geral.

Nas famílias que têm vários familiares surdos, a língua de sinais é usada no cotidiano. Nesse contexto, normalmente, tanto filhos surdos como filhos ouvintes crescem em um ambiente no qual a língua de sinais é a língua da família. Os pais surdos conversam com seus filhos em língua de sinais, usam estratégias visuais para chamar a atenção de seus filhos desde o nascimento e convivem com a comunidade Surda. Nessas famílias, o normal é ser Surdo. Há uma inversão na lógica das relações, em que ser surdo é ser normal, enquanto ser ouvinte é não compreender o mundo dos Surdos (Strobel, 2008).

Hall (*apud* Wilcox e Wilcox, 2005) identifica diversas características do comportamento comunicativo das pessoas Surdas durante suas interações:

- **Início de conversa**

    Para iniciar uma conversa, é preciso chamar a atenção do interlocutor. É comum o uso do toque; não há restrições ao contato físico. Quando a pessoa está distante, são usadas outras formas de conseguir sua atenção, como acenar a mão ou o braço dentro de seu campo visual. Pisar fortemente no chão ou apagar e acender a luz também são formas de começar uma comunicação, porém, dependendo do lugar e da situação, não é aconselhável, uma vez que distrairá as outras pessoas.

    O toque como forma de chamar a atenção de uma pessoa surda que está próxima é também ressaltado por Strnadová (2000). Segundo a autora, pode-se tocar levemente o seu antebraço ou o braço. Não é recomendado tocar outra parte do corpo que não seja o braço ou o antebraço e nunca se deve tocar a cabeça. Como as pessoas surdas não ouvem os passos atrás de si, não sabem que alguém está se aproximando para falar com elas, e, assim, quando tocadas pelas costas, levam um grande susto. Pode-se tocar a coxa quando os interlocutores estiverem sentados.

- **Assegurar a comunicação**

  Um valor importante na cultura Surda é fazer com que a informação seja acessível a todos. Há um esforço máximo para assegurar que todos possam participar, acompanhar e compreender o que está acontecendo. Nesse sentido, as pessoas sempre procuram confirmar se todos estão entendendo.

- **Compartilhar informação**

  Talvez pelo fato de a informação ser tão difícil de ser conseguida por um Surdo em um mundo ouvinte, este é um item altamente valorizado pela cultura Surda.

- **Virar as costas**

  O contato visual é essencial para a interação, para o compartilhamento de informações, e por isso é muito valorizado pelos Surdos. Em suas interações com os ouvintes, frequentemente, estes não se mostram capazes de manter o contato visual apropriado, distraem-se visual ou auditivamente, talvez por não ser confortável para a maioria dos ouvintes a manutenção do contato visual por longo período. A menos que esteja acostumada com esses estranhos hábitos dos ouvintes, a pessoa Surda pode sentir-se ignorada ou achar que o ouvinte não está interessado em continuar a conversa. Virar as costas é um insulto. Quando é necessário desviar o olhar ou virar as costas, deve-se informar o interlocutor sobre o que acontecerá e por quê.

- **Despedida**

  Tanto a chegada quanto a partida, na cultura Surda, é sempre feita de modo formal e demorado. Ao se despedir, os interlocutores explicam aonde vão e o que farão. Combinam o próximo encontro e repetem data e horário diversas vezes.

Pimenta e Quadros (2007) comentam que a despedida longa reflete o desejo dos Surdos de continuarem juntos, de continuarem a conversa em língua de sinais, de continuarem a troca. Além disso, eles precisam deixar as coisas bem organizadas e combinadas, já que os meios de comunicação nunca os favoreceram.

Abandonar os locais rapidamente pode ser mal interpretado, bem como retirar-se silenciosamente de uma conversa com Surdos, pois eles acharão que a pessoa fugiu por estar entediada com sua companhia.

### Depositário de conhecimento cultural

Lane, Hoffmeister e Bahan referem que os constituintes da cultura Surda — valores, costumes e expressão artística — estão guardados na língua de sinais para serem transmitidos ao longo das gerações.

### Valores

A identidade Surda é altamente valorizada. Enquanto falar e pensar como pessoa ouvinte é considerado muito bom, no caso do ouvinte, as habilidades de fala na cultura Surda podem ser úteis para lidar com pessoas ouvintes em algumas circunstâncias, mas falar e pensar como ouvinte é depreciado, assim como os movimentos da boca enquanto se sinaliza (a menos que esses movimentos sejam requeridos pelos sinais).

A informalidade é valorizada, assim como a percepção visual e a língua visual dos Surdos.

Strnadová, autora surda tcheca, afirma que os Surdos não consideram a surdez a maior infelicidade do mundo, principalmente quando os problemas de comunicação e a possibilidade de viver uma vida independente e plena são resolvidos. Eles se orgulham de conseguir aceitar a surdez, possuir uma língua e uma cultura próprias. Formam seu próprio mundo e consideram-se uma minoria linguística e cultural em uma sociedade majoritária de ouvintes. Nessa comunidade, podem comunicar-se sem problemas e organizam suas competições esportivas e culturais, inclusive de âmbito internacional. Não têm vergonha da surdez. Não evitam contato com os ouvintes, apesar de esse contato ser cansativo por causa da dificuldade de comunicação.

Costumes

As conversações entre Surdos apresentam características particulares, pelo fato de a língua usada na interação ser uma língua visual-espacial na qual o uso do espaço e o olhar têm valor discursivo.

As pessoas Surdas, quando em grupos, costumam formar rodas, cujo tamanho varia de acordo com a quantidade de participantes. Curiel e Astrada (2000) lembram que o espaço entre os participantes da conversa cumpre uma função específica. As conversas mais íntimas usam um espaço sinalizante mais limitado, os participantes aproximam-se mais, e os sinais são menores.

Pimenta e Quadros (2007) chamam a atenção para o fato de que as pessoas Surdas, quando estão em grupo, podem conversar entre si entrecruzando as conversas sem que estas interfiram umas nas outras, diferentemente dos ouvintes. Isso só é possível por causa da língua de sinais. Como não há sons, os Surdos podem conversar em uma roda simultaneamente, o que não seria possível com línguas faladas, pois as pessoas começariam a gritar para tentar ouvir umas às outras.

Strobel, autora surda brasileira, destaca que, durante a conversa, ficar frente a frente é uma circunstância muito valorizada pelos Surdos, não importando a distância; por isso eles evitam virar as costas enquanto estão interagindo. Se isso ocorre, é considerado insulto ou desinteresse. Quando estão conversando distantes um do outro e alguém se coloca como obstáculo no meio, isso também é considerado uma grave falta de educação para a comunidade Surda. Se for necessário passar entre dois Surdos que estão conversando, deve-se passar rapidamente, sem interromper a conversa.

Se duas pessoas Surdas estão conversando e uma terceira pessoa quer falar com uma das duas, deve-se colocar próxima à pessoa com quem quer falar e esperar que a pessoa interrompa a conversa e olhe para ela. O Surdo que está sendo chamado fará um sinal de espera com a mão aberta na direção de quem o está chamado e, quando terminar seu turno na conversa, voltará o olhar para a pessoa que o está chamando e fará um sinal de espera em direção ao seu interlocutor. O sinal de espera mantido no ar segura o interlocutor.

As apresentações entre pessoas têm características particulares na cultura Surda. Há uma forma canônica, da qual apresentações particulares podem divergir na prática. Nos Estados Unidos, quando a pessoa C apresenta A e B, ela se posiciona no vértice de um triângulo e diz para ambos: "Vou apresentar vocês". C, então, vira-se para A e soletra o primeiro e o último nome de B, seguido do seu sinal pessoal (o nome que foi atribuído a B na Comunidade Surda). C conta que escola para surdos B frequentou e dá mais alguma informação relevante, como parentes surdos ou alguém que A poderia conhecer que tenha frequentado a escola de B ou morado em alguma área próxima. B está livre, então, para dirigir-se a A diretamente (Lane, Hoffmeister e Bahan, 1996).

No Brasil, assim como na Europa, na apresentação, primeiro é feito o sinal da pessoa que está sendo apresentada, e depois é que se soletra seu nome. No caso dos Surdos brasileiros, após a apresentação inicial, informa-se a identificação da surdez: EU SURDO ou EU OUVINTE.[1] Isso é importante e está relacionado à identificação do outro a partir de uma referência que é relevante na perspectiva do Surdo (Pimenta e Quadros, 2007).

Há diferenças em relação ao lugar em que se dá a apresentação. Se é em uma festa, primeiro é apresentada a pessoa que já está na festa. No caso de estar sendo esperada e já ter sido feita referência a ela, a pessoa que está chegando será apresentada em primeiro lugar. Se a apresentação acontece na rua, o acompanhante é apresentado primeiro.

Outro costume da cultura Surda é a conversa direta. Na sociedade ouvinte, especialmente em situações mais formais, é considerado rude ir diretamente ao ponto e expor a ideia explicitamente. Já para os Surdos, o princípio parece ser "sempre agir de forma a facilitar a comunicação". Lane, Hoffmeister e Bahan

---

1 De acordo com o sistema de transcrição para a Libras, proposto por Felipe (1997), neste livro os sinais são representados por itens lexicais da língua portuguesa em letras maiúsculas.

enfatizam que a conversa direta não é rude, mas partidas repentinas, conversas particulares e quebra de contato visual são.

É costume das comunidades Surdas a atribuição de sinal pessoal para seus novos membros. Crianças surdas de famílias ouvintes frequentemente chegam à escola para Surdos sem um sinal pessoal e lá recebem um. A honra de conferir um sinal pessoal costuma caber a uma figura de autoridade na comunidade. A atribuição do sinal pessoal é um ritual, uma forma de batismo, que acontece quando uma pessoa surda ou ouvinte passa a ter contato com pessoas Surdas.

O sinal pessoal pode ser atribuído tendo como referência:

- Aparência física da pessoa, como altura, cabelo, rosto, olhos, bochechas, sobrancelhas, lábios, marcas de nascença (pinta), tatuagem, orelhas, nariz, pernas, mãos, pés etc. Não é considerado falta de educação receber ou dar um sinal pessoal que marque, por exemplo, orelha ou nariz grande.

- Uso constante de objetos: colares, brincos, broches, piercings, fivelas, microfone, óculos, cinto, mala, bolsa etc. Um exemplo é o sinal de Silvio Santos, que é a referência ao grande microfone que ele usa.

- Comportamento constante, como mexer no cabelo de determinada forma, colocar a mão no rosto, apoiar a cabeça na mão ou no dedo, cruzar as pernas, as mãos, coçar a cabeça, ruborizar, sorrir, e assim por diante. Para que o Surdo possa atribuir sinal pessoal com essa referência, necessita de maior contato com a pessoa. Pode-se citar o sinal de Jô Soares, que se refere ao beijo que ele costumeiramente manda aos telespectadores.

- O que a pessoa gosta de fazer, como beber, comer, passear, jogar futebol, nadar, andar de skate e tocar um instrumento. Para esse tipo de sinal ser atribuído, também é necessário um contato mais íntimo com a pessoa ou ela, ao ser apresentada, informar ao seu interlocutor.

O sinal pessoal, atribuído a uma pessoa quando de seu ingresso ao mundo dos Surdos, não deverá ser mudado nunca, mesmo que o sinal da pessoa faça referência ao corte de cabelo ou aos óculos que ela não usa mais, por exemplo. Ou seja, se uma pessoa recebe um sinal e sua característica pessoal muda, o sinal permanece o mesmo.

É necessário lembrar que, atualmente, os sinais não são atribuídos com a letra inicial do nome da pessoa em alfabeto digital. Esse tipo de escolha deveu-se à influência da língua majoritária oral na abordagem bimodal de educação de surdos, quando o professor ministrava aula usando o português acompanhado de sinais, em uma época em que não se reconhecia a Libras como uma língua — e nem mesmo a cultura Surda.

**Grupos e pontos de encontro**

Os Surdos estão espalhados por toda a cidade, mas encontram formas criativas de se encontrar. Uma delas é o ponto de encontro. Em várias cidades brasileiras, os Surdos têm pelo menos um ponto de encontro. Esses pontos de encontro se espalham pelo país, e os Surdos sabem que eles existem em cada cidade grande. Assim, tornam-se referências para os Surdos da cidade e de fora dela para se encontrarem e conversarem sobre os mais diferentes assuntos.

Na cidade de São Paulo, alguns shopping centers são pontos de encontro dos Surdos.

Os pontos de encontro fazem parte das estratégias que os Surdos criaram para manter uma grande rede de contatos. Atualmente, muitos Surdos brasileiros usam o celular e a Internet, mas, há pouco tempo, essa realidade era diferente. Os Surdos conseguiram manter suas tradições, sua língua e suas histórias por meio desse tipo de estratégia. Os pontos de encontro foram e são ainda espaços de lazer e de cultura.

As associações de Surdos também são lugares onde eles se encontram para bater papo, desenvolver relações políticas e sociais e realizar atividades esportivas e de lazer. Elas estão espalhadas pelo Brasil e resultam do interesse dos Surdos de criar um espaço de encontro assim como os pontos de encontro, mas de forma mais organizada e institucionalizada (Pimenta e Quadros, 2007, 2009).

As associações de Surdos são lideradas pelos próprios Surdos, podendo haver até mesmo restrições quanto à entrada de ouvintes na diretoria. Isso acontece para se preservarem os interesses dos Surdos, uma vez que, durante anos, eles foram reprimidos pela sociedade em geral, principalmente na educação.

Os aniversários das associações de Surdos são muito importantes, pois constituem a história da comunidade Surda de determinado local. Assim, essa data é amplamente festejada com a presença de representantes de várias associações de Surdos do país e, às vezes, de países vizinhos, como a Argentina e o Uruguai.

Tipicamente, as festas constituem um campeonato com equipes de diferentes modalidades de esporte representando suas associações de Surdos.

**Informação cultural**

O conhecimento cultural específico da comunidade Surda inclui não só os valores e os costumes, mas também a informação cultural.

O conhecimento específico do mundo Surdo inclui vários assuntos, como notícias do mundo, acontecimentos importantes, matérias de jornal, nomes de líderes Surdos, figuras da história dos Surdos, a forma de usar o serviço de telefone — atualmente, fala-se também sobre o Sistema de Intermediação Surdo-Ouvinte (Siso), e sobre o celular—, a campainha visual, o telefone luminoso e o relógio vibratório, e a forma de lidar com pessoas ouvintes. Por exemplo, quando seu carro é parado por um policial, não se explique com movimentos rápidos e nunca abaixe as mãos; elas devem ser mantidas levantadas. Em lugar público, se o Surdo precisa dirigir-se a uma pessoa ouvinte ou perguntar algo a ela, deve primeiro entrar no campo visual dela; caso não tenha como fazê-lo, como em uma fila, pode tocá-la levemente, avisando de imediato que é surdo (apontando o ouvido).

Informação partilhada é altamente valorizada no mundo Surdo. É costume das pessoas Surdas passar a informação adiante. Segredo é considerado rude, e as conversas são normalmente bastante visíveis. Conversas particulares devem ser feitas em lugares privados. Nas conversas com amigos, os Surdos frequentemente começam atualizando as informações.

Expressão artística

Valli e Lucas (2000) lembram que as línguas de sinais não são usadas apenas para a comunicação. As formas artísticas das línguas de sinais têm papel importante na transmissão da cultura e da história de geração a geração de pessoas Surdas.

A literatura popular Surda americana possui história longa e rica. Grande parte dela tem sido gravada em vídeo ou DVD. Esses trabalhos devem ser reconhecidos, pois oferecem exemplos do uso literário da língua de sinais e podem servir como testemunho eloquente da identidade Surda e de perspectivas individuais e culturais da pessoa Surda.

Assim como a americana, a literatura Surda brasileira traduz a memória das vivências Surdas ao longo das várias gerações dos Surdos. Ela se multiplica em diferentes gêneros: poesia, histórias de surdos, piadas, literatura infantil, clássicos, fábulas, contos, romances, lendas e outras manifestações culturais. Refere-se às várias experiências pessoais do povo Surdo. Muitas vezes, expõe as dificuldades e/ou vitórias sobre as opressões dos ouvintes e como os Surdos se saem em diversas situações inesperadas, testemunha as ações de grandes líderes e militantes Surdos, e trata da valorização de suas identidades Surdas (Strobel, 2008).

No Brasil, encontra-se uma vasta e diversificada literatura popular na Libras, presente em associações de Surdos, escolas e pontos de encontro da comunidade Surda (Karnopp, 2006).

A comunidade Surda vem-se preocupando, nos últimos anos, em elaborar e registrar histórias de pessoas Surdas, a história dos Surdos nas diferentes fases da história, histórias de vida, piadas, poesias, lendas, contos etc. Grande parte dessa literatura tem sido registrada em fitas de vídeo na Libras ou traduzida para a língua portuguesa. Segundo Karnopp (2006), as narrativas, os poemas, as piadas e os mitos produzidos servem como evidências da identidade e da cultura Surdas.

A literatura Surda também envolve as piadas Surdas, que exploram a expressão facial e corporal, o domínio da língua de sinais e a maneira de contar piada naturalmente. Na maioria das vezes, as piadas envolvem a temática das situações engraçadas sobre a incompreensão das comunidades ouvintes acerca da cultura Surda e vice-versa (Strobel, 2008).

Pimenta e Quadros (2007) referem que as histórias, as brincadeiras e as piadas geralmente tratam de temáticas que envolvem a língua de sinais, o uso das mãos e do corpo e expressões visuais. Algumas piadas satirizam as relações sociais entre surdos e ouvintes, entre os surdos e os intérpretes de língua de sinais e a condição de ser Surdo.

As brincadeiras são feitas no espaço de lazer com diferentes atividades envolvendo a língua de sinais, o uso da visão e do corpo.

Lane, Hoffmeister e Bahan (1996) afirmam que as regras da língua de sinais podem ser violadas, e as localizações e os movimentos dos sinais, alterados, para efeito artístico ou humorístico. Outra possibilidade é sinalizar com as duas mãos simultaneamente, cada uma realizando um sinal.

O uso artístico da língua de sinais pode ser observado também na poesia. Lane, Hoffmeister e Bahan (1996) afirmam que, assim como a poesia em inglês é ditada pelo som da linha poética — padrão de tonicidade, rima etc. —, a forma da poesia na língua de sinais é ditada pela semelhança e diferença fonética e pelas relações entre as duas mãos. Outros recursos, como movimento do corpo e expressão facial, também têm importante papel.

Para os mesmos autores, falar em rima nas línguas faladas implica pensar em padrões de som. Quando os componentes dos sinais — configurações de mãos, movimentos, orientações e localização — são organizados em um poema, o efeito é também esteticamente agradável ao falante nativo.

Sutton-Spence e Quadros (2006) analisaram como os temas e a linguagem usados na poesia em língua de sinais se constituem para criar e traduzir a cultura Surda e a identidade das pessoas Surdas.

Segundo as autoras, a poesia em língua de sinais, assim como a poesia em qualquer língua, usa uma forma intensificada de linguagem ("sinal arte") para efeito estético. A linguagem, nos poemas, pode ser projetada de forma regular, uma vez que o poeta usa recursos e sinais já existentes na língua com excepcional regularidade, ou pode ser projetada de forma irregular, uma vez que as formas originais e criativas do poeta trazem a linguagem para o primeiro plano.

A linguagem no primeiro plano pode trazer consigo significado adicional, para criar múltiplas interpretações do poema. O conteúdo de um poema pode ser novo, mas o método de composição, o desempenho e a transmissão, assim como a forma, o tema e a função, estão firmemente dentro da tradição folclórica, entendida, por Sutton-Spence e Quadros, como o conjunto cultural de conhecimentos transmitidos oralmente (ou visualmente) em uma comunidade.

O prazer é, segundo Sutton-Spence e Quadros (2006), um elemento muito importante nas línguas de sinais. No entanto, as autoras lembram que muito da poesia representa, em algum nível, empoderamento dos povos Surdos, fortalecimento para essa comunidade linguística. Esse empoderamento pode ocorrer pelo uso da língua ou pela expressão de determinadas ideias e significados que se fortalecem pela instrução, pela inspiração ou pela celebração.

Uma das contribuições principais da poesia em língua de sinais para o empoderamento do povo Surdo é a maneira como os poemas retratam a experiência das pessoas Surdas como experiência visual, o lugar das pessoas Surdas no mundo e a experiência bilíngue de pessoas Surdas.

A repetição é uma característica de quase todos os poemas, incluindo os poemas em línguas de sinais, e pode ser vista em diferentes níveis da linguagem — sincronismo rítmico dos sinais, parâmetros sublexicais dos sinais, os próprios sinais, a sintaxe das linhas ou no nível estrutural maior do poema, como em estrofes. Em língua de sinais, a repetição de padrões sublexicais pode ser vista nas repetições de quaisquer parâmetros que compõem todos os sinais: configuração de mão, localização, movimento, orientação e determinadas características não manuais. A repetição pode simplesmente ter a apelação estética, e pode-se apreciar os padrões criados pela repetição e admirar a habilidade do poeta em selecionar ou criar os sinais que determinam certos padrões. Entretanto, a repetição das partes dos sinais pode também servir para destacar relacionamentos incomuns entre sinais e ideias, criando um maior significado para o poema (Sutton-Spence e Quadros, 2006).

Como a poesia, também o humor Surdo é criativo em relação ao uso da língua. O humor Surdo desenvolveu-se na comunidade Surda parcialmente como forma de expressar a opressão que as pessoas Surdas enfrentam no mundo ouvinte. Inclui histórias divertidas, piadas, cenas cômicas e outras formas que fazem com que as pessoas riam. Pode ser encontrado não só em histórias engraçadas, caricaturas e imagens absurdas, como também nos *cartoons*.

São várias as peculiaridades do humor Surdo. Uma das principais, segundo Curiel e Astrada (2000), é a predominância do visual. Os Surdos percebem a maior parte das coisas pelos olhos. O visual é, portanto, fundamental em todos os aspectos de sua vida. Outro aspecto do humor Surdo, para os mesmos autores, é a referência recorrente à falta de audição. Há muitas histórias passadas de uma geração a outra que ilustram a perspectiva Surda acerca da impossibilidade de ouvir. Esta é apresentada como uma conveniência ou como algo que gera estratégias alternativas, e não como um impedimento ou uma incapacidade. Outro componente, ainda, do humor Surdo pode ser categorizado como linguístico. A produção correta e incorreta dos sinais é uma forma de provocar riso nas línguas de sinais.

Lane, Hoffmeister e Bahan (1996) destacam que o teatro Surdo é a melhor oportunidade que as pessoas ouvintes têm de vislumbrar a riqueza da experiência visual dos Surdos. Para os autores, uma linha de história dramática consiste no uso simultâneo de coreografia e mímica, no uso artístico da língua e das convenções da cultura e do teatro Surdo. Para um espectador que consegue processar tantos níveis de significados concorrentes, o teatro Surdo é um espetáculo deslumbrante.

As primeiras peças de atores Surdos nos Estados Unidos provavelmente surgiram na metade do século XIX, nas escolas residenciais, e tinham como tema a vida nas escolas de Surdos, a história dos Surdos e as situações dos Surdos nas famílias. Nessas peças, os estudantes não eram limitados pelas suas habilidades no inglês e podiam dar vazão aos seus talentos em agir e usar de forma expressiva a língua de sinais americana.

No Brasil, atualmente há muitos atores surdos, como Nelson Pimenta, Rimar Romano, Reinaldo Pólo, Sandro dos Santos Pereira, Celso Badin, entre outros.

A música, como lembra Strobel (2008), não faz parte da cultura Surda, embora os Surdos possam conhecê-la como informação e relação intercultural.

## Tecnologia: adaptações culturais

Para atender à especificidade das pessoas surdas, as indústrias têm criado recursos tecnológicos, desde simples até altamente sofisticados, alguns dos quais são apresentados a seguir.

### Campainhas luminosas

Enquanto os ouvintes têm campainha sonora em casa, os surdos têm **campainha luminosa**. Assim, quando alguém chega à residência de uma família surda, ao tocar a campainha, em vez de acionar um som, é acionada uma luz. Essa campainha, normalmente, é ativada em diferentes partes da casa, pois depende do acesso visual para ser percebida. As campainhas luminosas são comumente encontradas também em escolas especiais para crianças surdas. Nesse caso, ao acionar a campainha, uma lâmpada se acende em cada sala de aula e em outros espaços da escola.

Campainha luminosa. (Cortesia da Koller.)

## Babás luminosas

A exemplo da babá eletrônica, a babá luminosa consiste em um receptor que é colocado próximo ao berço do bebê. Quando o bebê chora, uma lâmpada se acende perto da mãe.

## Relógio de pulso vibratório

O relógio de pulso vibratório vibra, em vez de tocar no horário programado.

## Despertador vibratório

O **despertador vibratório** é um despertador que vibra no horário programado. É muito utilizado pelas pessoas surdas, principalmente sob o travesseiro.

Despertadores vibratórios. (Cortesia da Koller.)

## Telefone para surdos

O **telefone para surdos** (TDD, do inglês *Telephone Device for Deaf*), denominado pela Anatel como Terminal Telefônico para Surdos (TTS), permite aos surdos se comunicarem por meio de envio de mensagem escrita, que é digitada em um teclado acoplado ao telefone e pode ser lida no visor do telefone do interlocutor.

O TTS é instalado em locais onde há um telefone público comum. É encontrado, geralmente, em locais como estações rodoviárias, ferroviárias, metroviárias, aeroportos etc.

A comunicação por telefone exige que os interlocutores tenham aparelhos telefônicos para surdos. Caso um deles não tenha o TTS, recorre-se então a uma central telefônica. Nessa central — no Brasil, chamada de Siso (Sistema de Intermediação Surdo-Ouvinte) — um atendente faz a mediação entre os interlocutores e transmite as mensagens por meio de texto para aquele que estiver usando um TTS e por voz para aquele que estiver em um aparelho convencional (ouvinte).

Telefone para surdos. (Cortesia da Koller.)

**Celular com acesso à Libras**

Atualmente, é possível aos Surdos se comunicarem pelo celular usando a Libras, desde que o aparelho disponha da tecnologia 3G. A comunicação se dá por meio do **sistema de videoconferência**, e este é um serviço pago.

Celular com sistema de videoconferência. (Cortesia da Apple Inc.)

### Serviços de mensagem de texto via celular

Além da possibilidade de comunicação por meio de torpedos, existem atualmente programas gratuitos que, instalados no celular, permitem receber e enviar mensagens na língua de sinais. O programa também permite que uma mensagem enviada em língua portuguesa seja convertida em Libras, possibilitando, assim, a comunicação em duas língua: a língua portuguesa e a Libras.

### Aplicativos de tradução

Assim como é possível traduzir um texto da Internet de uma língua para outra, existem aplicativos que, se disponíveis em um site da Internet, permitem aos usuários selecionar com o mouse um texto da página e ver sua tradução para Libras.

### Legenda oculta (*closed caption*)

A legenda oculta (*closed caption*) permite o acesso por escrito à informação veiculada oralmente na televisão. Para isso, o televisor do telespectador deve possuir a tecla Closed Caption ou CC.

A legenda oculta descreve, além das falas dos atores ou personagens, qualquer outro som presente na cena, como palmas, passos, trovões, música, risos etc.

Pimenta e Quadros (2007) lembram que todas essas adaptações não resultam necessariamente em uma casa silenciosa, e acrescentam que, justamente pelo fato de os surdos não ouvirem, a casa deles pode ser muito ruidosa: às vezes, o volume da TV fica muito alto, a campainha luminosa ativa uma campainha sonora que pode ser muito barulhenta, os surdos produzem barulhos ao conversar ou chamar a atenção do outro, arrastam os móveis provocando ruídos, e assim por diante.

## A Libras e a constituição da identidade e da cultura Surda

Como vimos anteriormente, por quase cem anos as línguas de sinais foram proibidas na educação. Os surdos eram considerados deficientes, e as línguas de sinais eram vistas como mímica, sem qualquer valor linguístico.

Este capítulo nos mostrou que, acreditando na importância das línguas de sinais, grupos de Surdos em todo o mundo começaram a organizar movimentos de reivindicação sobre o direito de uso dessas línguas.

No Brasil, assim como em outros países, tais movimentos resultaram no reconhecimento da Língua Brasileira de Sinais, na contratação de intérpretes e, mais recentemente, na implantação de educação bilíngue para Surdos, na qual a Libras é a primeira língua e a língua portuguesa, na modalidade escrita, a segunda.

As línguas de sinais permitem aos surdos se identificarem, como sujeitos capazes, participantes de uma cultura própria, cuja característica principal é ser visual. Entenderemos, no capítulo seguinte, um pouco mais sobre o funcionamento e as características da língua de sinais usada no Brasil, a Libras.

# ASPECTOS LINGUÍSTICOS
da língua brasileira de sinais

# 3

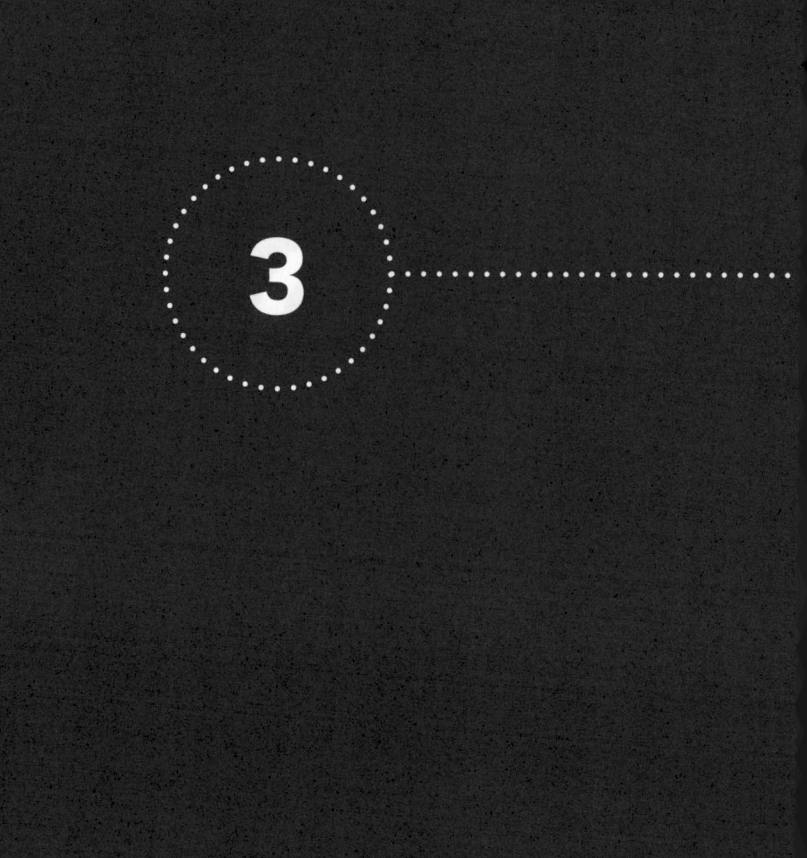

# Aspectos linguísticos
## da língua brasileira de sinais

Vimos no início deste livro que as línguas de sinais se distinguem das línguas orais porque se utilizam do canal visual-espacial, e não do oral-auditivo. Por esse motivo, são denominadas línguas de modalidade gestual-visual (ou visual-espacial), uma vez que a informação linguística é recebida pelos olhos e produzida no espaço, pelas mãos, pelo movimento do corpo e pela expressão facial.

Agora veremos que, apesar da diferença existente entre línguas de sinais e línguas orais, ambas seguem os mesmos princípios pelo fato de possuírem um léxico, isto é, um conjunto de símbolos convencionais, e uma gramática, ou seja, um sistema de regras que rege o uso desses símbolos.

Stokoe, em 1960, foi o primeiro pesquisador a afirmar que a língua de sinais americana atendia a todos os critérios linguísticos de uma língua genuína — no léxico, na sintaxe e na capacidade de gerar uma quantidade infinita de sentenças. Ele observou que os sinais não eram imagens, mas símbolos abstratos complexos, com uma complexa estrutura interior.

Stokoe investigou a formação do sinal e definiu três parâmetros que eram realizados simultaneamente na formação de um sinal particular: configuração das mãos, localização e movimento. Um quarto parâmetro — orientação —, que se refere à orientação das palmas das mãos, foi acrescentado por Battison (1974).

Estudos posteriores, como os de Baker e Padden (1978), incluíram traços não manuais, como expressão facial, movimentos da boca e direção do olhar, como distintivos na língua de sinais americana.

A análise da língua de sinais americana revelou que ela apresenta organização formal nos mesmos níveis encontrados nas línguas faladas, incluindo um nível sublexical de estruturação interna do sinal (análoga ao nível fonológico das línguas orais) e um nível gramatical (morfossintático), que especifica os modos como os sinais devem ser combinados para formarem frases e sentenças.

Aos estudos sobre a língua de sinais americana, seguiram-se outros, que tiveram como objeto as línguas de sinais usadas pelas comunidades de surdos em diferentes países, como França, Itália, Uruguai, Argentina, Suécia, Brasil e muitos outros. Essas línguas são diferentes umas das outras, e independem das línguas orais-auditivas utilizadas nesses países. Apesar das diferenças, as línguas de sinais possuem algumas semelhanças que as identificam como língua, e não apenas como uma linguagem.

A Libras é a língua utilizada pelos Surdos que vivem em cidades do Brasil onde existem comunidades Surdas, mas, além dela, há registros de outra língua de sinais, utilizada pelos índios Urubu-Kaapor na floresta amazônica (Brito, 1985).

A Libras, como as línguas de sinais usadas em diferentes países, apresenta regras que respondem pela formação dos sinais e por sua organização nas estruturas frasais e no discurso.

Diferentemente das línguas orais, os articuladores primários das línguas de sinais são as mãos, que se movimentam no espaço em frente ao corpo e articulam sinais em determinadas localizações nesse espaço. A seguir, entenderemos melhor essa diferença e o funcionamento da Libras estudando algumas de suas características fonológicas, morfológicas e sintáticas.

## Aspectos fonológicos

Os sinais, na Libras, são formados a partir da combinação do movimento das mãos com um determinado formato em um lugar específico, podendo este ser uma parte do corpo ou um espaço em frente ao corpo (Felipe, 2001). Em outras palavras, na formação dos sinais da Libras, os seguintes parâmetros são considerados: configuração das mãos, localização, movimento, orientação das palmas das mãos e traços não manuais.

### Configuração das mãos

Refere-se às formas que as mãos assumem na produção dos sinais, que podem ser da datilologia (alfabeto digital/manual) ou outras formas feitas pela mão dominante (mão direita para os destros) ou pelas duas mãos.

Na Libras, foram identificadas, até o momento, sessenta e três configurações de mãos (Lira e Souza, 2006; Pimenta e Quadros, 2007). Cada configuração das mãos responde por um número de sinais. A configuração das mãos em **F**, por exemplo, é usada na produção dos sinais de **FAMÍLIA, FELIZ** e **FÉRIAS**.

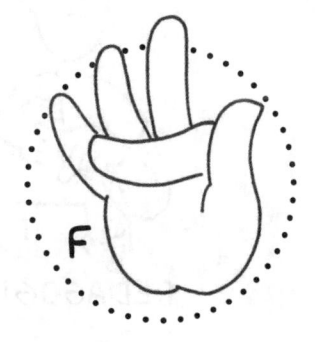

**FAMÍLIA**

**FELIZ**

**FÉRIAS**

**P**

A configuração das mãos em **P** é usada na produção dos sinais de **SÃO PAULO, PEDAGOGIA, PROFESSOR**.

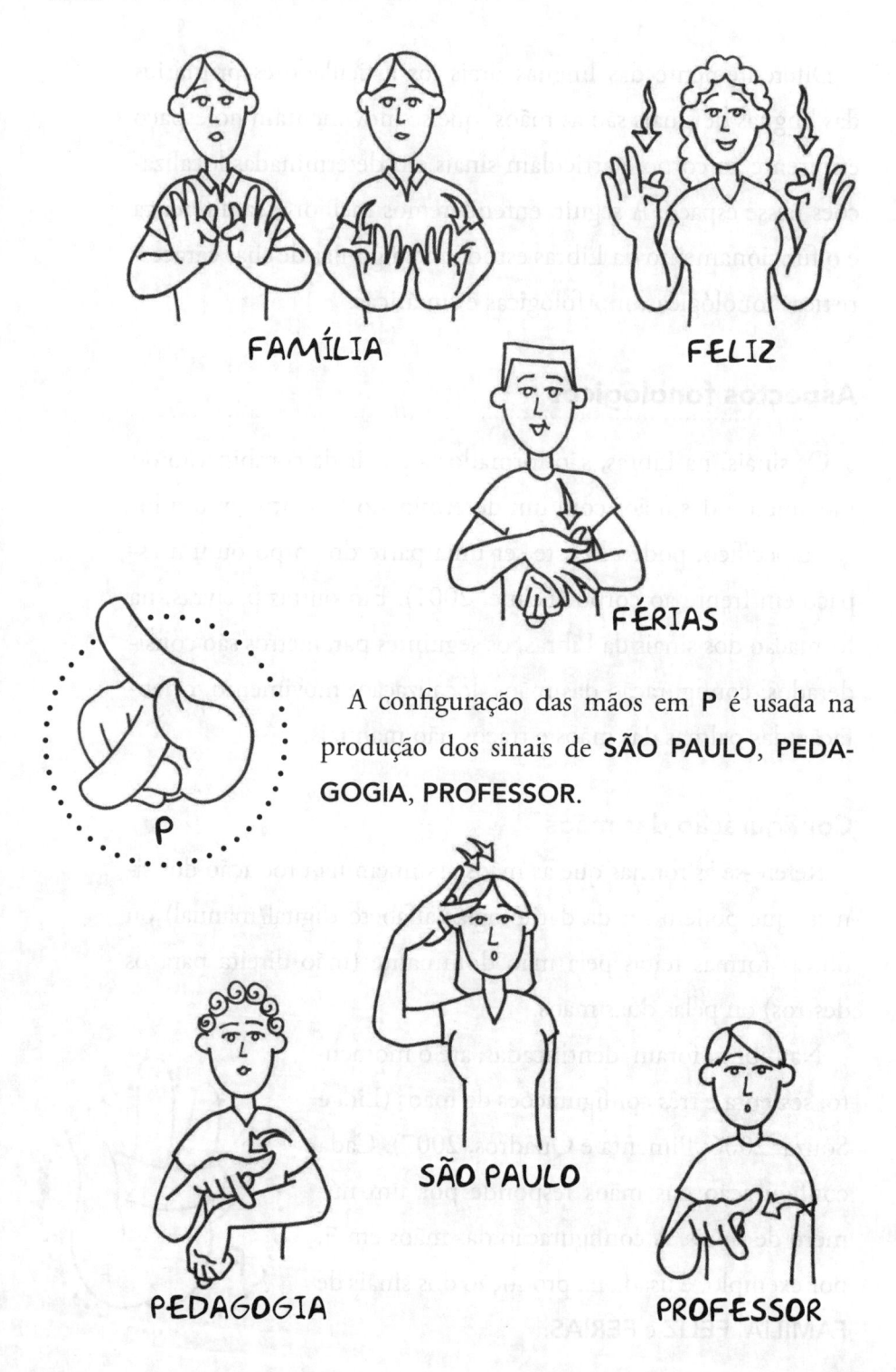

**PEDAGOGIA**

**SÃO PAULO**

**PROFESSOR**

## Localização

É o lugar, no corpo ou no espaço, em que o sinal é articulado, podendo a mão tocar alguma parte do corpo ou estar em um espaço neutro. Os sinais **BRINCAR** e **TRABALHAR** são feitos no espaço neutro (em frente ao corpo), e os sinais **PENSAR**, **DIFÍCIL** e **ESQUECER** são feitos na testa, como ilustram as figuras a seguir.

BRINCAR

TRABALHAR

PENSAR

DIFÍCIL

ESQUECER

## Movimento

Envolve desde os movimentos internos da mão, os movimentos do pulso e os movimentos direcionais no espaço até o conjunto de movimentos no mesmo sinal (Klima e Bellugi, 1979). Nos movimentos internos das mãos, os dedos se mexem durante a realização do sinal, abrindo-se, fechando-se, dobrando-se ou estendendo-se, o que leva a rápidas mudanças na configuração da(s) mão(s). O movimento que a(s) mão(s) descreve(m) no espaço ou sobre o corpo pode ser em linhas retas, curvas, sinuosas ou circulares, em várias direções e posições (Brito, 1995).

Os exemplos a seguir ilustram diferentes movimentos nos sinais. No sinal de **TRABALHO**, as mãos realizam movimentos alternados para a frente e para trás; no sinal de **VÍDEO**, as duas mãos se movimentam ao mesmo tempo, realizando movimento curvo para a frente; já no sinal de **CERÂMICA** as mãos se movem para o lado direito do corpo.

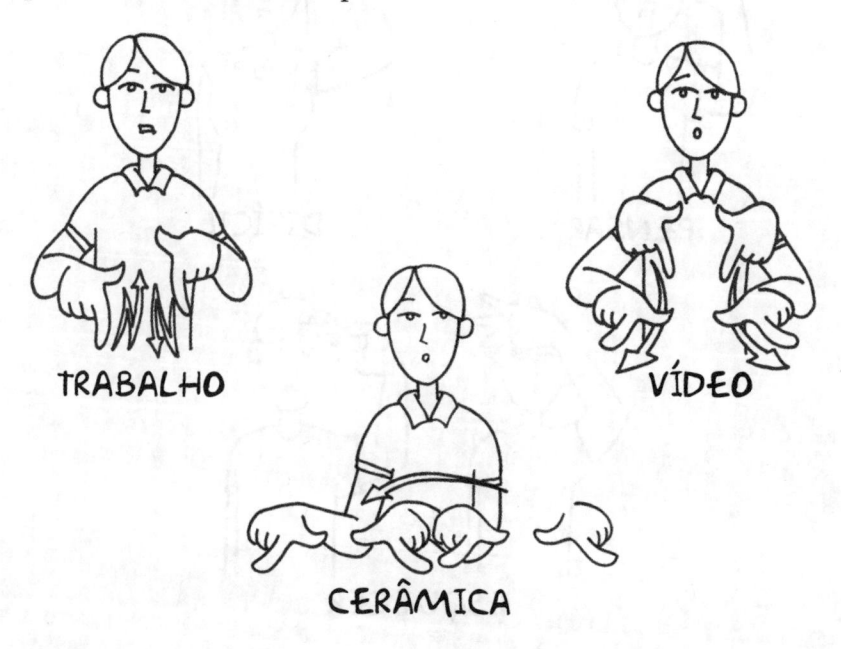

TRABALHO

VÍDEO

CERÂMICA

## Orientação das palmas das mãos

É a direção para a qual a palma da mão aponta na produção do sinal (Quadros e Karnopp, 2004). Pode ser para cima, para baixo, para o corpo, para a frente, **PARA A ESQUERDA** ou **PARA A DIREITA** (Brito, 1995).

PARA A ESQUERDA      PARA A DIREITA

## Traços não manuais

Envolvem expressão facial, movimento corporal e olhar. É o caso dos sinais **LINDO**, **LINDINHO** e **LINDÍSSIMO**, no qual o sinal é o mesmo, mudando apenas a expressão facial.

LINDO

LINDINHO      LINDÍSSIMO

## Traços distintivos da Libras

Os parâmetros da Libras podem ser considerados traços distintivos, assim como o traço de sonoridade ou o ponto de articulação etc. na língua portuguesa.

Na língua portuguesa, por exemplo, a substituição de um traço distintivo resulta em outro vocábulo. Como exemplos, podemos citar faca e vaca, pomba e bomba, em que, ao substituir os fonemas surdos (/f/ e /p/) pelos sonoros correspondentes (/v/ e /b/), temos outros vocábulos. O mesmo acontece se substituirmos, por exemplo, um fonema produzido na parte anterior da cavidade oral, como /m/, por um fonema produzido na parte posterior da cavidade oral, como /g/, como nos vocábulos mato e gato.

Na Libras, a alteração dos parâmetros resulta em mudança no sinal, como se pode observar nos exemplos a seguir.

Os sinais **APRENDER**, **SÁBADO** e **OUVINTE**, por exemplo, têm a mesma configuração de mãos e o mesmo movimento, embora sejam produzidos em lugares diferentes do corpo: **APRENDER** é produzido na altura da testa, **SÁBADO**, na altura do queixo, e **OUVINTE**, na altura do ouvido.

Os sinais de **VERDE** e **GELADO** têm a mesma configuração das mãos e localizam-se no mesmo lugar. A diferença é que, no primeiro sinal, o movimento se caracteriza por uma reta que parte do queixo para a frente uma vez, enquanto no segundo sinal esse movimento é mais curto e repetido.

VERDE  GELADO

Os sinais de **VACA**, **FAZENDA** e **EVITAR** apresentam a mesma configuração e localização das mãos, diferenciando-se apenas pela falta de movimento em **VACA**, pelo movimento de girar a mão para trás, em **FAZENDA**, e de afastar a mão da cabeça em movimento curvo, em **EVITAR**.

VACA

**FAZENDA**

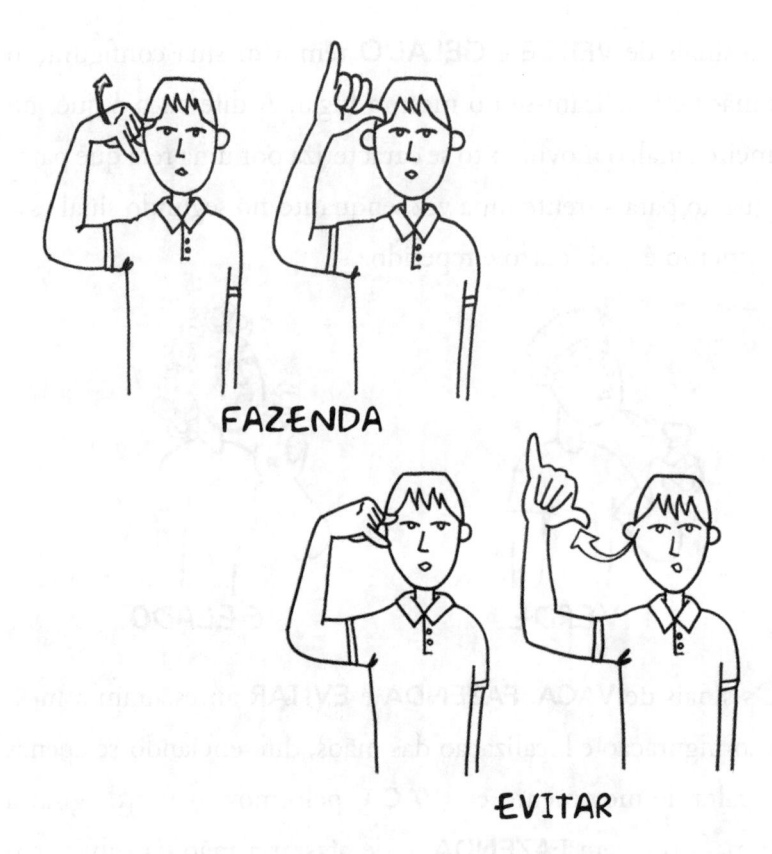

**EVITAR**

Assim como na língua portuguesa há restrições na combinação das consoantes e das vogais para formar um vocábulo, também a Libras apresenta regras que estabelecem combinações possíveis e não possíveis entre os parâmetros de configuração das mãos, movimento, localização e orientação das palmas das mãos na formação dos sinais.

Na língua portuguesa, por exemplo, é possível haver duas consoantes seguidas, em uma mesma sílaba, mas não três. Neste caso, a segunda consoante terá que ser /l/ ou /r/.

Na Libras, se um sinal for produzido com as duas mãos e ambas se moverem, elas devem ter a mesma configuração, a localização deve ser a mesma ou simétrica, e o movimento deve ser simultâneo ou alternado. Trata-se da Condição de Simetria. Exemplos são: **FAMÍLIA**, **BRINCAR** e **FÁBRICA**.

FAMÍLIA

BRINCAR

FÁBRICA

Se, no entanto, a configuração das mãos for diferente, aplica-se a condição de dominância, ou seja, apenas uma mão, a ativa, se move, enquanto a outra serve de apoio. Exemplos: **ÁRVORE**, **PAPEL** e **AJUDAR**.

ÁRVORE

PAPEL

AJUDAR

## Aspectos morfológicos

Como a língua portuguesa, a Libras conta com um léxico e com recursos que permitem a criação de novos sinais. Contudo, diferentemente das línguas orais, em que palavras complexas são, muitas vezes, formadas pela adição de um prefixo ou sufixo a uma raiz, nas línguas de sinais a raiz é frequentemente enriquecida com vários movimentos e contornos no espaço de sinalização (Klima e Bellugi, 1979).

Um processo bastante comum na Libras para a criação de novos sinais é o que deriva nomes de verbos, e vice-versa, por meio da mudança no movimento. O movimento dos nomes repete e encurta o movimento dos verbos (Quadros e Karnopp, 2004). Exemplos: os sinais de **SENTAR** e **CADEIRA** têm a mesma configuração das mãos, a mesma localização e a mesma orientação das palmas das mãos. O movimento, no entanto, é diferente: mais longo em **SENTAR** e mais curto e repetido em **CADEIRA**.

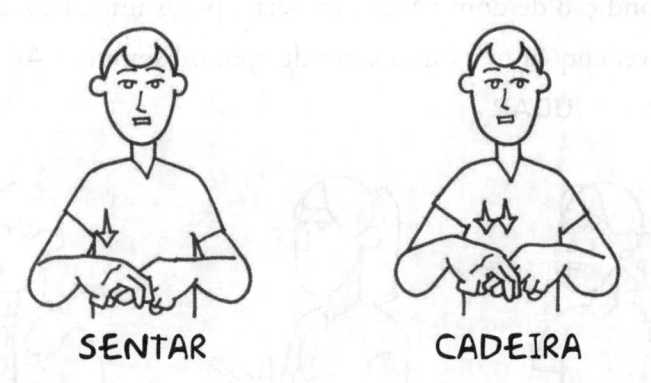

SENTAR    CADEIRA

Processo semelhante é observado em **OUVIR** e **OUVINTE**. O movimento de fechar as mãos próximo ao ouvido é mais curto e repetido em **OUVINTE**.

**OUVIR**     **OUVINTE**

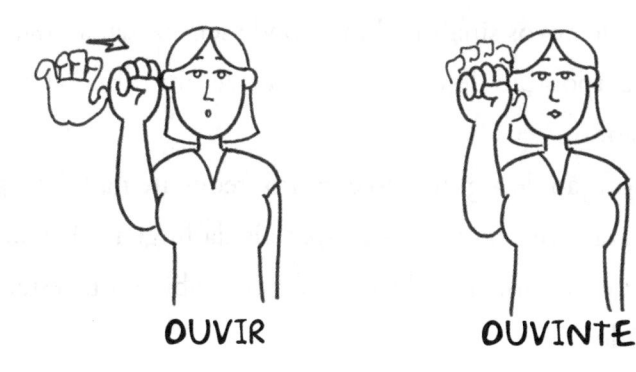

Outro processo bastante usado na Libras, na criação de novos sinais, é a composição. Nesse processo, dois sinais se combinam, dando origem a um novo sinal, como se pode observar em **ESCOLA** e **IGREJA**.

**ESCOLA**

**IGREJA**

O sinal de **ESCOLA** é composto pelos sinais de **CASA** e **ESTUDAR**, enquanto o de **IGREJA** é composto pelo sinais de **CASA** e **CRUZ**.

A criação de novos sinais na Libras pode ser obtida, ainda, por meio da incorporação de um argumento, de um numeral ou de uma negação.

A incorporação de argumento é muito frequente na Libras por causa das características visuais e espaciais da língua. O sinal de **LAVAR**, por exemplo, varia de acordo com o objeto que está, foi ou será lavado.

**LAVAR OS CABELOS**

**LAVAR PRATO**

**LAVAR ROUPA**

Por esses exemplos, percebemos que o verbo **LAVAR** se modifica e se adapta ao objeto que sofre a ação.

A incorporação de um numeral caracteriza-se pela mudança na configuração de mão do sinal para expressar a quantidade. Assim, por exemplo, pela mudança na configuração de mão, de 1 para 2 ou para 3, o número de meses, dias ou horas referidos muda. A localização, a orientação e os traços não manuais permanecem os mesmos (Quadros e Karnopp, 2004).

UM MÊS   DOIS MESES   TRÊS MESES

DURAÇÃO DE UMA HORA   DURAÇÃO DE DUAS HORAS   DURAÇÃO DE TRÊS HORAS

A incorporação da negação é outro processo bastante produtivo na Libras e pode dar-se pela alteração do movimento do sinal, caracterizada por mudança de direção, para fora, na maioria das vezes, com a palma da mão também para fora (Brito, 1995). Cabe lembrar que, nos verbos, as formas negativas são acompanhadas de meneio negativo de cabeça e expressão facial de negação, como se pode observar nos exemplos a seguir.

Na produção de **NÃO QUERER**, há mudança na direção das palmas das mãos. Em **QUERER**, as palmas estão voltadas para cima, e em **NÃO QUERER**, elas iniciam o movimento com as palmas para cima e se voltam para baixo.

**QUERER**  **NÃO QUERER**

Já em **GOSTAR/NÃO GOSTAR**, na incorporação da negativa, observa-se mudança não só na direção das palmas das mãos, mas também na configuração das mãos.

**GOSTAR**  **NÃO GOSTAR**

Ao incorporar a negação, a mão, que se fechava na altura do peito, passa a aberta sobre o peito, e a palma da mão se volta para fora.

Outra possibilidade de incorporação da negativa é pela assimilação do parâmetro movimento (oscilação) da partícula negativa **NÃO** ao item negado, produzindo, assim, uma oscilação que conserva a configuração das mãos, mas altera o ponto de articulação (Brito, 1995). Exemplos: **TER** e **NÃO TER**.

**TER**　　　**NÃO TER**

Na produção de **NÃO TER**, observa-se oscilação da mão direita ao realizar o sinal no ponto de articulação do sinal negativo NÃO.

Existem alguns verbos, como **ENTENDER** e **CONHECER**, em que o sinal não se modifica na forma negativa, sendo acrescentados à forma afirmativa o movimento negativo com a cabeça e a expressão facial de negação.

**ENTENDER**　　　**NÃO ENTENDER**

**CONHECER**　　　**NÃO CONHECER**

Nesses exemplos, as formas negativas também podem ser seguidas do movimento NÃO com o dedo indicador.

## Categorias gramaticais

Como a língua portuguesa, a Libras organiza seus sinais em classes, como substantivos, verbos, pronomes, advérbios, adjetivos e numerais, entre outras. Serão consideradas aqui as categorias que apresentam especificidades na Libras decorrentes principalmente do uso do espaço.

### Verbos

Os verbos na Libras estão basicamente divididos em três classes (Quadros e Karnopp, 2004, pp. 116-118): simples, direcionais e espaciais.

- **Verbos simples** — são verbos que não se flexionam em pessoa e número e não incorporam afixos locativos.
Exemplos: **COMER**, **DIRIGIR** (carro) e **PARECER**.

DIRIGIR (carro)   COMER   PARECER

- **Verbos direcionais (com concordância)** — são verbos que se flexionam em pessoa, número e aspecto, mas não incorporam afixos locativos.

Exemplos: **PERGUNTAR, DAR** e **RESPONDER.**

EU PERGUNTO PARA VOCÊ

VOCÊ PERGUNTA PARA MIM

EU DOU PARA VOCÊ

VOCÊ DÁ PARA MIM

EU RESPONDO PARA VOCÊ

VOCÊ RESPONDE PARA MIM

Nesses exemplos, o movimento partindo do locutor para o interlocutor significa eu pergunto/dou/respondo a você. Produzido em sentido contrário, do interlocutor para o locutor, significa você pergunta/dá/responde para mim. Assim, o sujeito da oração está na origem do movimento, e o objeto, no destino.

- **Verbos espaciais** — são verbos que têm afixos locativos. Exemplos: **IR, CHEGAR** e **POR**.

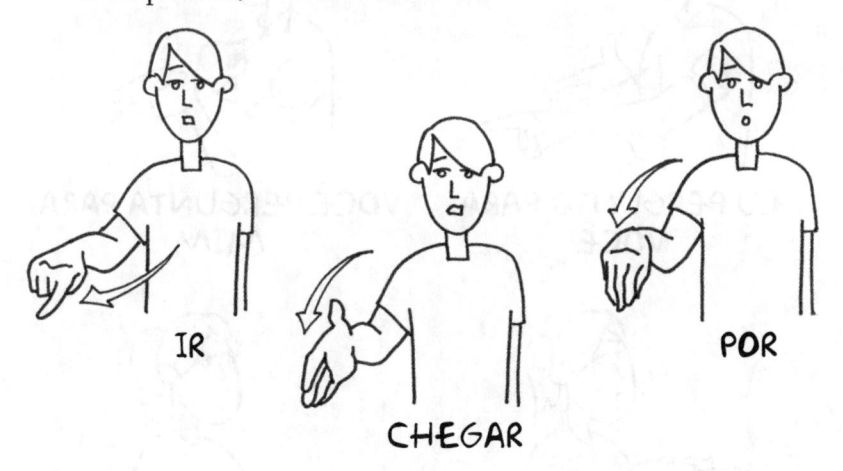

IR

CHEGAR

POR

## Adjetivos

Os adjetivos são sinais que formam uma classe específica na Libras e estão sempre na forma neutra, não recebendo marcação para gênero (masculino e feminino) nem para número (singular e plural). Muitos adjetivos, por serem descritivos e classificadores, expressam a qualidade do objeto, desenhando-a no ar ou mostrando-a no objeto ou no corpo do emissor (Felipe, 2001). Assim, para dizer que "uma pessoa está vestindo uma blusa de bolinhas, listrada ou xadrez", o locutor desenhará no seu corpo bolinhas, listras ou xadrez. Os exemplos a seguir ilustram os sinais de **CAMISETA, CAMISETA DE BOLINHAS, CAMISETA LISTRADA** e **CAMISETA XADREZ**.

CAMISETA

CAMISETA DE BOLINHAS

CAMISETA LISTRADA

CAMISETA XADREZ

## Pronomes

### Pessoais

Os pronomes pessoais são expressos por meio dos sinais de apontar com o dedo indicador. Quando o enunciador (pessoa que fala) aponta para si (olhando para o receptor), esse sinal é interpretado como **EU**.

EU

O apontar para o interlocutor (olhando para o receptor) é interpretado como **TU** ou **VOCÊ**.

TU ou VOCÊ

O apontar para outra pessoa que não está na conversa, olhando para o receptor ou para um local estabelecido no espaço, é interpretado como **ELE/ELA**.

No singular, o sinal para todas as pessoas é o mesmo; o que difere é a orientação da mão. No plural, o formato do numeral — dois, três, quatro, até nove — apontando para pessoas ou lugares a quem se faz referência é interpretado como nós, vocês ou eles dois, três, quatro, até nove.

**ELE/ELA**

O primeiro exemplo apresentado a seguir corresponde a **NÓS**; o segundo, a **NÓS DOIS** (eu e você); o terceiro, a **NÓS DOIS** (eu e ele/ela); e o quarto exemplo corresponde a **NÓS TRÊS**.

**NÓS**

**NÓS DOIS** (eu e você)

**NÓS DOIS** (eu e ele/ela)

**NÓS TRÊS**

Os exemplos a seguir referem-se a **VOCÊS, VOCÊS DOIS, ELES** e **ELES DOIS**, respectivamente.

VOCÊS   VOCÊS DOIS

ELES   ELES DOIS

Possessivos

Os pronomes possessivos são expressos com a configuração de mãos em P e seguem os mesmos princípios da expressão dos pronomes pessoais na Libras.

Os exemplos a seguir referem-se a **MEU**, a **SEU** e a **DELE/DELA**, respectivamente. Atente para o olhar, que deve estar dirigido sempre para o interlocutor.

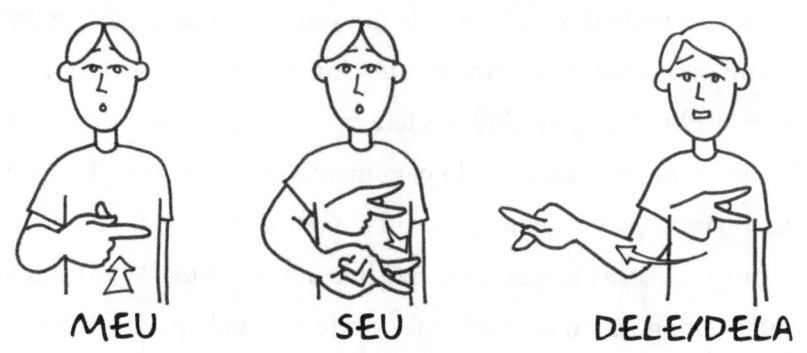

MEU   SEU   DELE/DELA

Como na sequência anterior, os exemplos a seguir se referem a **NOSSO, SEUS** e **DELES/DELAS**.

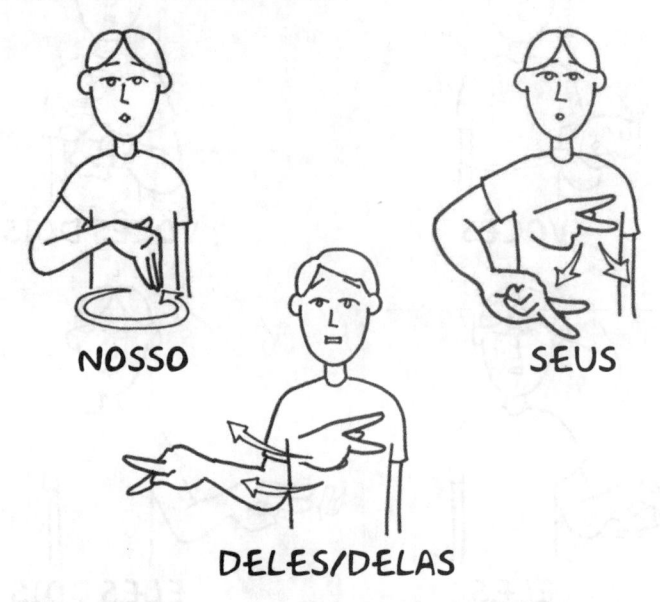

NOSSO

SEUS

DELES/DELAS

## Classificadores

Os classificadores são formas que, substituindo o nome que as precedem, podem vir junto com o verbo para classificar o sujeito ou o objeto que está ligado à ação do verbo (Felipe, 2001). Para Brito (1995), os classificadores funcionam, em uma sentença, como partes dos verbos de movimento ou de localização. O sistema de classificadores fornece um campo de representações de categoriais que revelam o tamanho e a forma de um objeto, a animação corporal de um personagem ou como um instrumento é manipulado (Rayman, 1999). Morgan (2005) refere que, nas narrativas, um classificador é, muitas vezes, usado para manter a referência a objeto ou personagem previamente mencionado por meio de um sinal.

Em relação às formas dos classificadores, Brito (1995) refere que a configuração de mão em V pode ser usada para se referir a pessoas, animais ou objetos; em C, para qualquer tipo de objeto cilíndrico, e em B, para superfícies planas, por exemplo.

A seguir, vê-se o classificador usado para **COPO**, que, associado ao movimento de **CAIR**, é interpretado como **COPO CAIR**.

COPO        COPO CAIR

Agora, vê-se o classificador usado comumente para se referir a **DUAS PESSOAS**. Combinado ao movimento de **ANDAR**, é interpretado como **DUAS PESSOAS ANDAM**, e, combinado ao movimento de **CAIR**, é interpretado como **DUAS PESSOAS CAEM**.

DUAS PESSOAS        DUAS PESSOAS ANDAM

DUAS PESSOAS        DUAS PESSOAS CAEM

## Flexões verbal e nominal na Libras

### Flexão verbal

A flexão de número nos verbos refere-se à distinção para um, dois, três ou mais referentes. Assim, o verbo que apresenta concordância direciona-se para um, dois ou três pontos estabelecidos no espaço ou para uma referência generalizada incluindo todos os referentes integrantes do discurso (Quadros e Karnopp, 2004).

Os exemplos a seguir ilustram a flexão verbal e podem ser interpretados como **DAR PARA UMA PESSOA, DAR PARA DUAS PESSOAS** e **DAR PARA TRÊS PESSOAS**.

DAR PARA UMA PESSOA

DAR PARA DUAS PESSOAS

DAR PARA TRÊS PESSOAS

A flexão de aspecto está relacionada com as formas e a duração dos movimentos.

Os aspectos pontual, continuativo, durativo e iterativo são obtidos por meio de alterações do movimento e/ou da configuração da mão (Brito, 1995). Exemplos citados por Brito são: *falar*, em "ele falou" (pontual) e "ele fala sem parar" (continuativo); *olhar*, em "ele olhou" (pontual) e "ele ficou olhando" (durativo); *viajar*, em "ele viajou" (pontual), "ele viaja sempre" (iterativo).

Nos exemplos a seguir, estão representados aspectos do verbo **OLHAR**. O primeiro exemplo marca o aspecto pontual e pode ser interpretado, na língua portuguesa, como **EU OLHO**; o segundo e o terceiro marcam o aspecto durativo e podem ser interpretados como **ELE FICA OLHANDO/OBSERVANDO** e **ELE OLHA DE CIMA A BAIXO**.

**OLHAR**

**FICAR OLHANDO/ OBSERVANDO**

**OLHAR DE CIMA A BAIXO**

A Libras apresenta, ainda, em suas formas verbais, a marca de tempo de forma diferente de como acontece na língua portuguesa. O tempo é marcado por meio de advérbios de tempo que indicam se a ação está ocorrendo no presente (*hoje, agora*), se ocorreu no passado (*ontem, anteontem*), ou se ocorrerá no futuro (*amanhã, semana que vem*). Para um tempo verbal indefinido, usam-se os sinais *passado* e *futuro* (Felipe, 2001). Para expressar a ideia de passado, o sinal de *já*, antecedendo o verbo, ou o meneio afirmativo com a cabeça, concomitante à realização do sinal, são muito utilizados.

No exemplo a seguir, o sinal de **BEBER** combinado com **AINDA** (mão em P e movimento para a frente) refere-se ao presente.

**BEBER AINDA**

No exemplo seguinte, o sinal de **BEBER** combinado ao sinal de **JÁ** (mãos abertas, com movimento para baixo) refere-se ao passado.

**BEBEU JÁ**

Por fim, no terceiro exemplo, o sinal de **BEBER** combinado ao sinal de **VAI** (mão em V, passando para I enquanto se move para a frente) refere-se ao futuro.

BEBER VAI?

## Flexão nominal

Diferentemente da língua portuguesa na modalidade oral, que apresenta flexão de gênero modificando os nomes, a indicação de sexo na Libras é marcada por um sinal que indica marca de gênero feminino ou masculino, antecedendo o nome.

Exemplos: **TIO** e **TIA**.

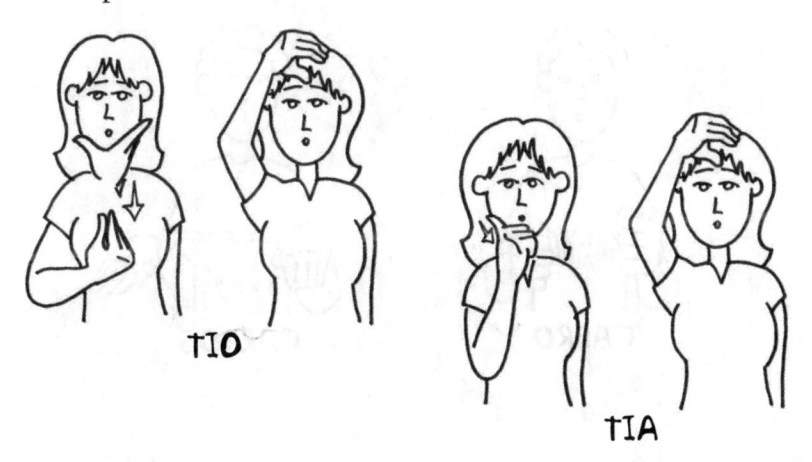

TIO

TIA

Nos substantivos, a flexão de plural é obtida, na maioria das vezes, pela repetição do sinal, pela anteposição ou posposição de sinais referentes aos números, ou pelo movimento semicircular, que deve abranger as pessoas ou os objetos envolvidos (Brito, 1995).

No exemplo a seguir, a repetição do sinal marca o plural.

CASA          CASAS

Diferentemente do exemplo anterior, a marcação do plural de **CARRO**, no exemplo a seguir, é feita com as mãos na configuração do classificador usado para veículos — uma das mãos se mantém parada, enquanto a outra se move para o lado, dando a ideia de vários carros.

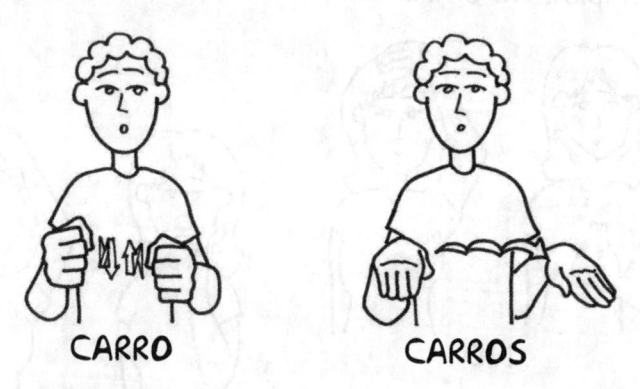

CARRO          CARROS

## Aspectos sintáticos

Embora pesquisas sobre a ordem dos sinais na Libras refiram S-V-O como predominante (Quadros, 1999), a ordem tópico-comentário parece ser a mais utilizada, principalmente pelos surdos menos oralizados, como se pode observar nos exemplos a seguir.

BANHEIRO    ONDE?

BANHEIRO    NÃO TEM

Observe que, na primeira frase, a partícula interrogativa aparece no final da oração, diferentemente da língua portuguesa. Na segunda frase, o objeto precede o verbo. Em ambas, a ordem dos sinais obedece ao princípio tópico-comentário.

O mesmo princípio pode ser observado adiante.

FILHOS    VOCÊ    TEM    QUANTOS?

**FILHOS   QUANTOS   VOCÊ   TEM?**

Nos exemplos apresentados, embora a ordem **FILHOS VOCÊ TEM QUANTOS?** seja a mais utilizada, é aceitável a forma **FILHOS QUANTOS VOCÊ TEM?** O que é importante ressaltar em ambas as frases é que o tópico é o mesmo (FILHOS), seguido do comentário.

Outro exemplo da ordem dos sinais na Libras pode ser observado a seguir.

**SHOPPING   VOCÊ   VAI?**

Mais uma vez, observa-se a ordem tópico-comentário — a interrogação marcada apenas pela expressão facial.

## Narrativas na Libras

Assim como na fonologia, na morfologia e na sintaxe, o espaço tem papel fundamental na construção de narrativas nas línguas de sinais.

No discurso narrativo, os personagens podem ser associados a pontos específicos no espaço de sinalização. O apontar novamente, o olhar ou mesmo um movimento com o corpo na direção daqueles locais são interpretados como fazendo referência aos personagens já mencionados.

Outra forma de estabelecer relação com um referente previamente mencionado é por meio de classificadores. Na referência aos personagens, os sinalizadores podem usar sinais, classificadores, ou o que na literatura é conhecido como jogo de papéis ou mudança de papéis (Metzger, 1995; Rayman, 1999; Morgan, 2005).

A mudança de papéis tem sido caracterizada por mudança na posição do corpo, na expressão facial e no olhar durante uma sequência, mudando, desse modo, o papel de um personagem na narrativa (Rayman, 1999). A mudança na posição do corpo pode contrastar, movendo-se o corpo para a direita e para a esquerda ou para a frente e para trás. Mudanças podem ocorrer também simplesmente ao se mudar a direção do olhar e a expressão facial. A mudança de papel é usada na narrativa para manter a referência e requer a identificação anterior por meio de um nominal antecedente (Morgan, 2005).

Além de permitir a referência a objetos ou pessoas, o uso do espaço possibilita ao usuário descrever ou mapear a disposição desses mesmos objetos ou pessoas no espaço. Neste mapeamento, as relações espaciais entre os sinais correspondem a relações reais entre objetos descritos (Emmorey, 1993).

O uso do espaço nas línguas de sinais estende-se também para marcar e distinguir eventos temporais. Os sinalizadores podem destinar localizações ou áreas do espaço representacional para se referir a eventos e se mover para trás e para a frente dessas localizações para se referir a eventos passados ou futuros (Winston, 1999).

## Libras é uma língua natural

Neste capítulo, procurou-se mostrar que a língua brasileira de sinais, assim como as dos diferentes países, apresenta todos os requisitos das línguas orais, com a diferença na modalidade de transmissão: visual-espacial em vez de oral-auditiva. Os estudos linguísticos revelam que ela apresenta um conjunto de regras que responde pela formação dos sinais e outro que responde pela organização destes em estruturas frasais e em textos.

Cientes do funcionamento dessa língua, partiremos agora para uma reflexão sobre seu ensino a estudantes ouvintes: veremos, no capítulo seguinte, algumas dificuldades comuns no aprendizado da Libras e uma proposta de ensino da disciplina, que se tornou obrigatória em alguns cursos de graduação.

# Ensino da
### língua brasileira de sinais

4

# Ensino da língua brasileira de sinais

Os capítulos anteriores tiveram como objetivo traçar um panorama sobre as línguas de sinais e sua importância para a educação, a comunidade, a cultura e a identidade das pessoas Surdas. Foram apresentados, também, aspectos linguísticos gerais da Libras, com o objetivo de que os aprendizes ouvintes conheçam seu funcionamento, tanto na formação como na composição dos sinais, assim como outros recursos morfológicos comuns na língua. Uma visão sobre a sintaxe da Libras também foi apresentada.

Apesar das diferenças observadas entre a língua de sinais e a língua portuguesa, por exemplo, decorrentes do fato de a primeira ser visual-espacial, e a segunda, oral-aural, ficou evidenciado que a Libras, assim como as outras línguas de sinais, é uma língua natural, com gramática própria, usada pelas comunidades de Surdos no Brasil. Além da língua, as comunidades Surdas partilham a mesma cultura, baseada na visão, e não na audição, como os ouvintes.

Este último capítulo apresentará como se deu a oficialização da Libras, bem como algumas dificuldades comuns no aprendizado dessa língua e, adiante, uma proposta de ensino dessa língua como disciplina obrigatória nos cursos de graduação em fonoaudiologia e de formação de professores. Vale esclarecer que a proposta aqui exposta não é a única possível, mas a que consideramos que melhor atingirá o objetivo de propiciar aos aprendizes ouvintes um conhecimento básico da Libras.

## Oficialização da Libras

Ao longo de anos de luta sistemática e persistente, as comunidades Surdas brasileiras têm conseguido conquistas significativas em relação ao direito de uso da Libras.

A Lei Federal n. 10.098, aprovada em 19 de dezembro de 2000, estabelece normas gerais e critérios básicos para a promoção da acessibilidade das pessoas portadoras de deficiência ou com mobilidade reduzida. No Capítulo 18, o documento prevê a formação e a atuação de intérpretes de língua portuguesa–língua brasileira de sinais para possibilitar o acesso das pessoas Surdas à informação.

A Lei Federal n. 10.436, aprovada em 24 de abril de 2002, reconhece a Libras como língua oficial das comunidades de Surdos. Essa lei é também conhecida como a Lei de Libras, e é um marco histórico na trajetória de construção da identidade Surda e luta pelos direitos humanos dos Surdos no Brasil.

No documento, a Libras é definida como a forma de comunicação de natureza visual-motora, com estrutura gramatical própria, oriunda de comunidades de pessoas Surdas do Brasil, que se traduz como forma de expressão do Surdo e sua língua natural.

No artigo 4º, o documento estabelece que o sistema educacional federal e os sistemas educacionais estaduais, municipais e do Distrito Federal devem garantir a inclusão da Libras nos cursos de formação de educação especial, de fonoaudiologia e de magistério, em seus níveis médio e superior, como parte dos Parâmetros Curriculares Nacionais — PCNs, conforme legislação vigente.

O reconhecimento, pela Lei Federal n. 10.436, em 24 de abril de 2002, da Libras como língua oficial das comunidades Surdas do Brasil traz mudanças significativas para a educação dos Surdos.

Considerada língua oficial, seu uso passou a ser um direito dos Surdos. As instituições de ensino começaram a contratar tradutores-intérpretes, o que possibilitou a muitos Surdos ingressarem no ensino superior. Hoje, há no Brasil um número grande de Surdos graduados e um número crescente de pós-graduados — mestres e doutores.

O Decreto n. 5.626, de 20 de dezembro de 2005, regulamenta a Lei de Libras e o artigo 18 da Lei n. 10.098, de 19 de dezembro de 2000.

Nesse documento, chama a atenção o uso do termo 'surdo' em lugar de "deficiente auditivo", presente nos documentos anteriores. A pessoa surda é definida como aquela que, por ter perda auditiva, compreende o mundo e interage com ele por meio de experiências visuais, manifestando sua cultura principalmente pelo uso da Libras. O mesmo documento reconhece o direito dos surdos a uma educação bilíngue, na qual a língua de sinais é a primeira língua, e a língua portuguesa, preferencialmente na modalidade escrita, é a segunda. A modalidade oral da língua portuguesa é uma possibilidade, mas deve ser trabalhada fora do espaço escolar.

Como previsto na Lei de Libras, o Decreto estabelece a obrigatoriedade da disciplina nos cursos de formação de professores para o exercício do magistério, em nível médio e superior, e nos cursos de fonoaudiologia. Nos demais cursos de educação superior e na educação profissional, a Libras deve ser oferecida como disciplina curricular optativa. Neste ponto, vale lembrar que, no parágrafo 1º do artigo 7º do capítulo III do Decreto, consta que as pessoas Surdas terão prioridade para ministrar essa disciplina.

Algumas instituições já oferecem Libras como disciplina obrigatória, e outras se preparam para oferecê-la, já que devem fazê--lo até 2015.

O Decreto trata, ainda, entre outros, dos seguintes temas:

- da formação do professor de Libras e do instrutor de Libras;
- do uso e da difusão da Libras e da língua portuguesa para o acesso das pessoas surdas à educação;
- da formação do tradutor e intérprete de Libras–língua portuguesa;
- da garantia do direito à educação das pessoas surdas ou com deficiência auditiva.

Esses documentos foram muito importantes para o reconhecimento dos Surdos brasileiros como uma comunidade social e linguística. A educação de Surdos tem melhorado significativamente com a regulamentação da língua brasileira de sinais, pois garante o direito linguístico dos Surdos de terem acesso à educação e à sociedade na sua língua.

O Decreto, entretanto, não estabelece o número de horas nem as expectativas de aprendizagem da disciplina. Não cabe aqui uma discussão sobre a carga horária necessária para a disciplina, mas é interessante esclarecer que, qualquer que seja a quantidade de horas, a fluência não deve ser o objetivo de um curso com carga reduzida. No entanto, tendo contato com a Libras e com usuários surdos fluentes nessa língua, muitos alunos podem sentir-se motivados a dar continuidade ao aprendizado.

Vale lembrar, ainda, que, como qualquer língua, quanto mais a Libras for usada, maior será a fluência dos alunos. Se ela deixar de ser usada, provavelmente será esquecida. No entanto, tão logo se restabeleça o contato com a língua, lentamente o conhecimento retorna.

## Dificuldades comuns aos aprendizes de Libras

O fato de fazer uso da modalidade visual-espacial requer que os aprendizes ouvintes da Libras entrem em um mundo ao qual nunca foram expostos antes: o mundo da visão (Jacobs, 1996).

### Dificuldades com o alfabeto manual

Um exemplo claro da dificuldade que muitos aprendizes ouvintes têm no aprendizado da Libras é o **alfabeto manual ou digital**. No alfabeto manual, cada letra do alfabeto da língua portuguesa é representada por uma configuração de mãos, como se pode observar na ilustração a seguir. A mão é mantida em frente ao peito e as letras são representadas por diferentes configurações de mãos. O ritmo de apresentação é equivalente ao da fala.

LIBRAS

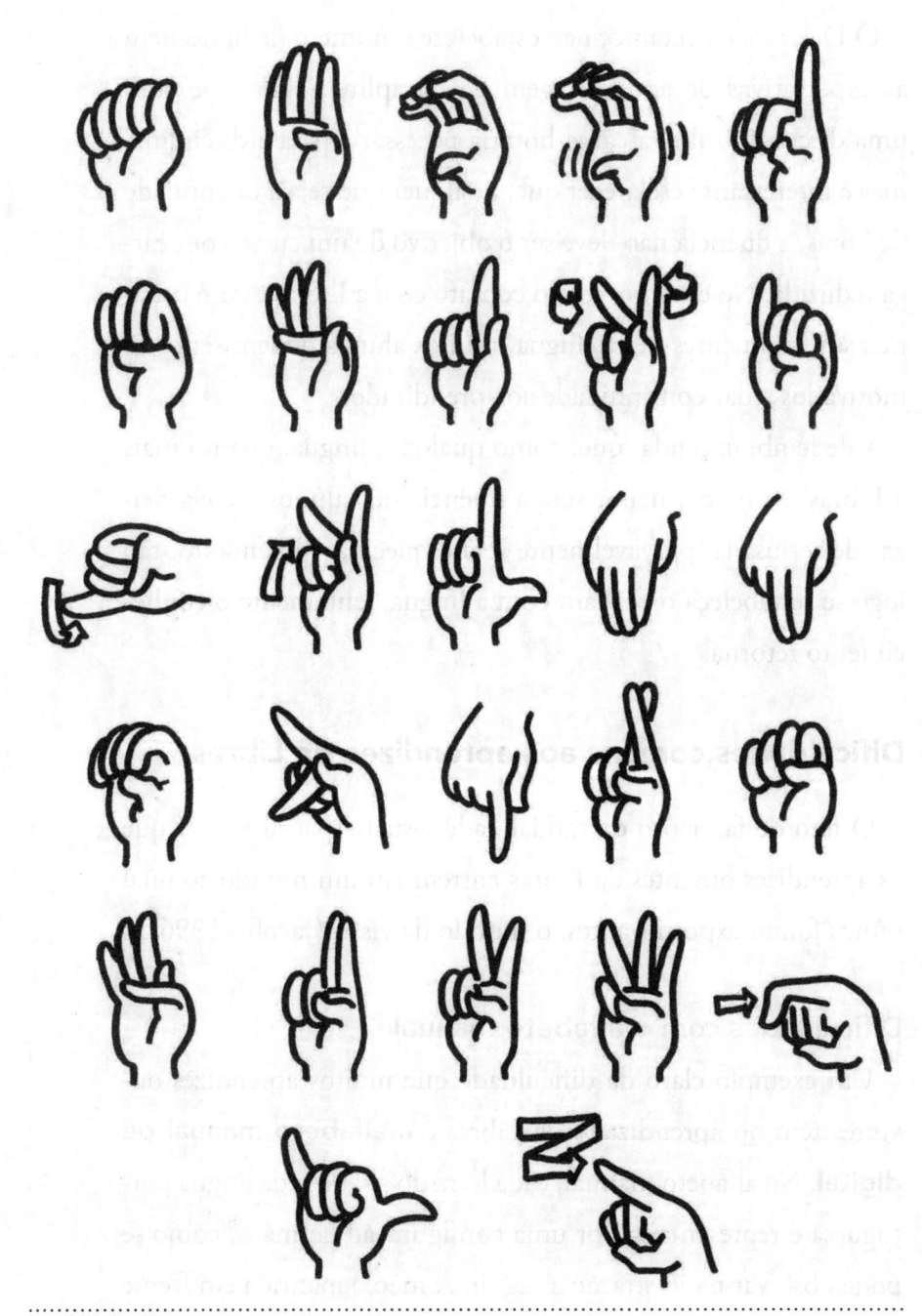

Alfabeto manual ou digital da língua brasileira de sinais.

Uma vez que os aprendizes ouvintes conhecem as letras do alfabeto da língua portuguesa, seria de esperar que esse fosse o aspecto mais fácil da Libras para eles dominarem. No entanto, como refere Jacobs, trata-se de um dos aspectos mais difíceis para um aprendiz ouvinte, pois requer um novo conjunto de padrões de discriminação visual. O fato de as formas serem representativas das letras da língua portuguesa é quase irrelevante quando se considera o tempo e o treinamento que uma pessoa ouvinte leva para se tornar proficiente na recepção de uma palavra digitada na velocidade normal de conversação.

As configurações de mãos parecem muito semelhantes para os aprendizes ouvintes, causando confusão. Entre as dificuldades mais comuns observadas no uso e na compreensão do alfabeto manual destacam-se algumas a seguir.

Diferença entre I e Y

Visualmente, não parece haver dificuldade em diferenciar o I, produzido com o dedo mínimo esticado para cima e os demais dobrados e seguros pelo polegar, e o Y, produzido com os dedos mínimo e polegar esticados e os demais dobrados. No entanto, muitos aprendizes da Libras apresentam dificuldades na recepção e na produção dessas duas letras.

Diferença entre G e Q

As letras G e Q são produzidas com a mesma configuração das mãos, sendo a única diferença o sentido para onde se volta o dedo indicador: para cima no G, e para baixo no Q. No entanto, ao produzir uma das letras, é comum que o aprendiz ouvinte a troque pela outra.

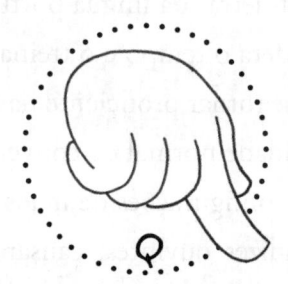

Diferença entre Ç e C

A diferença entre Ç e C consiste em um movimento de tremular a mão na produção do Ç. Trata-se de uma sutileza, muitas vezes não percebida pelo aprendiz ouvinte de Libras.

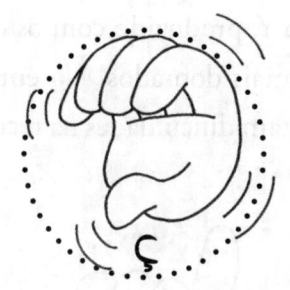

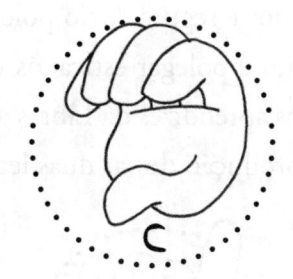

Diferença entre A, S e E

As letras A, S e E são produzidas com configurações muito semelhantes das mãos, sendo a única diferença a posição do dedo polegar — ao lado dos outros dedos no caso do A, sobre os dedos indicador, médio e anular no caso do S, e muito próximo ou mesmo encostando nas pontas dos dedos indicador, médio e anular no caso do E. Trata-se de uma dificuldade muito comum entre os aprendizes ouvintes da Libras.

Diferença entre H, K e P

As letras H, K e P são produzidas com a mesma configuração das mãos, com diferença na posição e no movimento dos dedos. Na letra H, as pontas dos dedos polegar, indicador e médio estão voltadas para cima e a mão faz um movimento de rotação com o pulso para a direita; na letra K, as pontas dos dedos polegar, indicador e médio estão inicialmente voltadas para a frente e o movimento é de voltar as pontas dos dedos para cima. Na realização do P, os dedos estão na posição horizontal e não há movimento.

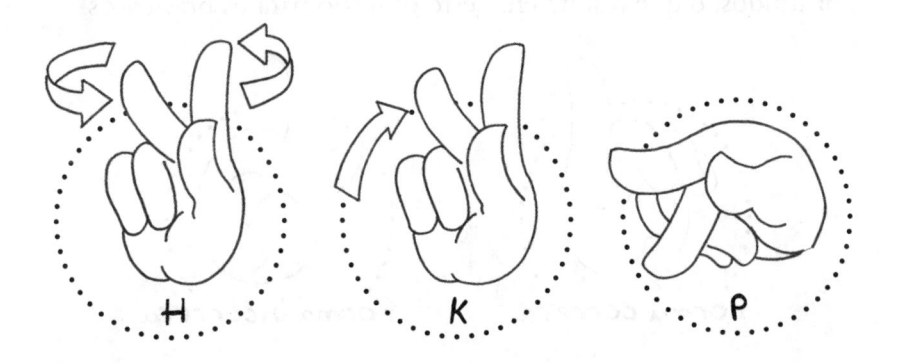

Diferença entre F e T

Talvez a maior dificuldade dos aprendizes ouvintes da Libras esteja na diferenciação entre o F e o T.

Embora a configuração das mãos seja a mesma, a diferença entre as duas letras está no dedo polegar, que fica à frente do dedo indicador no caso do F, e atrás no caso do T. Na recepção e na produção das duas letras, é muito comum que os aprendizes ouvintes errem a localização do polegar, confundindo-as.

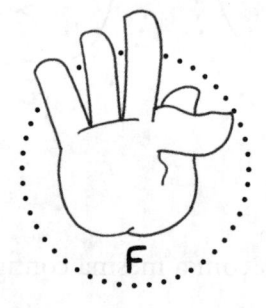

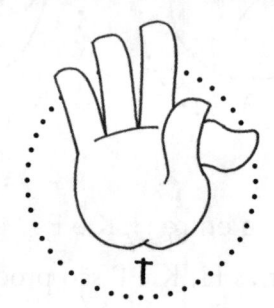

Realização do D

Na produção das letras do alfabeto, provoca riso dos Surdos as dificuldades que os aprendizes ouvintes apresentam na produção do D. Devendo ser produzido com os dedos polegar e médio unidos e o indicador esticado para cima, o D, muitas vezes, acaba sendo realizado pelos aprendizes com os dedos polegar e indicador unidos, o que resulta em gesto obsceno para os brasileiros.

## Outras dificuldades com o alfabeto manual

Ainda em relação ao uso do alfabeto manual, outras dificuldades comumente cometidas por aprendizes ouvintes ganham destaque. Por exemplo, os aprendizes ouvintes tendem a realizar as letras com a palma da mão voltada para si, em vez de fazê-lo com ela virada para o interlocutor, como é o correto. Além disso, a passagem de uma letra para outra se dá de forma brusca, dando a impressão de que o usuário está dando socos no ar.

Na produção de algumas letras, observa-se confusão no uso dos dedos. Ao produzir a letra I, por exemplo, é frequente que os aprendizes ouvintes usem o dedo indicador em vez do mínimo. A letra M é, muitas vezes, produzida com os dedos médio, anelar e mínimo, em vez de com os dedos indicador, médio e anelar. O mesmo acontece com o N, que, erroneamente, é feito com o anelar e o mínimo, em vez de com o indicador e o médio.

## Dificuldades com traços não manuais

Outro aspecto da Libras que se mostra muito difícil aos aprendizes ouvintes é o uso dos traços não manuais, que incluem expressões faciais, movimento com a cabeça e o olhar. Segundo Leite e McCleary (2009), o vício de focalizar o olhar nas mãos do interlocutor resulta na perda de informações faciais e corporais potencialmente relevantes.

O exemplo a seguir ilustra um dos usos da expressão facial como traço distintivo na Libras. Nele, a diferença entre **TRISTE**, **UM POUCO TRISTE** e **MUITO TRISTE** está na expressão facial, uma vez que o sinal é o mesmo.

**TRISTE**

**MUITO TRISTE**

**UM POUCO TRISTE**

Na Libras, assim como na língua de sinais americana, a expressão facial acrescentada a uma sentença pode torná-la uma pergunta, uma exclamação ou uma negação. Sem o marcador facial, a oração é uma afirmação (Wilcox e Wilcox, 2005).

Os exemplos a seguir ilustram o uso da expressão facial na diferenciação entre uma frase afirmativa e uma interrogativa.

A primeira oração apresentada corresponde, na Libras, à oração afirmativa, em português, "**EU VOU AO ZOOLÓGICO**". Nela, não se observa nenhuma alteração na expressão facial na produção dos sinais.

**ZOOLÓGICO    EU    VOU.**

Na oração seguinte, no entanto, a expressão facial e a configuração da boca marcam a pergunta e correspondem, em português, a "**VOCÊ VAI AO ZOOLÓGICO?**".

ZOOLÓGICO     VOCÊ     IR?

A expressão facial também é usada para diferenciar afirmação e negação, como no exemplo a seguir, em que a negação (**GOSTAR/NÃO GOSTAR**) é marcada tanto no sinal como na expressão facial e no movimento da cabeça (meneio negativo).

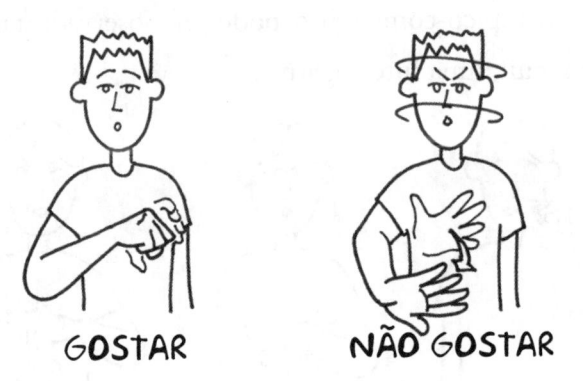

GOSTAR     NÃO GOSTAR

## Dificuldades com a sintaxe

Outra dificuldade muito comum aos aprendizes ouvintes da Libras diz respeito ao uso da ordem dos sinais nas orações (sintaxe), uma vez que, como já foi mencionado no Capítulo 3, a ordem predominante, principalmente nos Surdos menos oralizados, é tópico-comentário.

Na oração "**VOCÊ VAI AO ZOOLÓGICO?**", por exemplo, o sinal de ZOOLÓGICO vem em primeiro lugar na Libras, seguido do sujeito e do verbo.

**ZOOLÓGICO     VOCÊ     IR?**

Neste exemplo, a ordem é determinada pelo fato de que, na Libras, o marcador de espaço vem geralmente em primeiro lugar.

A ordem tópico-comentário pode ser observada também na oração a seguir, uma interrogativa.

**GATO     VOCÊ     TEM?**

O exemplo apresenta a ordem objeto-sujeito-verbo, diferentemente da ordem sujeito-verbo-objeto, que caracteriza perguntas de resposta sim e não na língua portuguesa.

A mesma ordem dos sinais pode ser observada em orações afirmativas e negativas, como nos exemplos que se seguem. A diferença está na expressão facial e no movimento da cabeça, no caso da negativa.

CARRO    EU    TENHO

### Dificuldades com a orientação e o movimento das mãos

Outras dificuldades geralmente enfrentadas pelos aprendizes ouvintes dizem respeito à orientação das palmas das mãos.

No exemplo a seguir, a palma da mão que sinaliza está voltada para a pessoa à qual se refere o sinal de NOME. Se me refiro ao **MEU NOME**, a palma da mão está voltada para mim, mas, se me refiro ao nome do meu interlocutor (**SEU NOME**), a palma está voltada para ele.

MEU NOME    SEU NOME

A direção do movimento apresenta, para os aprendizes ouvintes, dificuldades semelhantes às observadas na orientação das palmas das mãos, como se pode observar nos exemplos a seguir.

No primeiro deles, o sinal de PERGUNTAR, partindo da pessoa que sinaliza na direção do interlocutor, refere-se a **EU PERGUNTO PARA VOCÊ**, enquanto a direção contrária se refere a **VOCÊ PERGUNTA PARA MIM**.

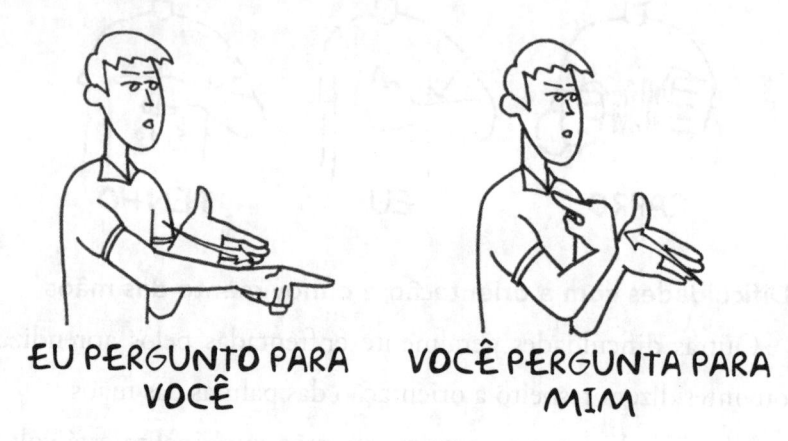

EU PERGUNTO PARA VOCÊ    VOCÊ PERGUNTA PARA MIM

Ao fazer referência aos verbos direcionais, no Capítulo 3, observou-se que, neles, a origem do movimento refere-se ao sujeito da oração, enquanto o destino do movimento se refere ao interlocutor.

## Metodologias de ensino da Libras

Para tratar de metodologias de ensino da Libras, parece interessante conhecer antes um pouco sobre as metodologias geralmente usadas no ensino de línguas estrangeiras.

Martins-Cestaro (1999) apresenta uma retrospectiva das metodologias comumente empregadas no ensino do francês como língua estrangeira. Nela fica evidente que, até a década de 1980, dava-se ênfase ao código da língua.

A aprendizagem da língua estrangeira era vista como uma atividade intelectual em que o aprendiz deveria aprender e memorizar as regras e os exemplos, com o propósito de dominar a morfologia e a sintaxe. Os alunos recebiam e elaboravam listas exaustivas de vocabulário. As atividades propostas consistiam em exercícios de aplicação das regras de gramática. Submetiam-se os alunos ao ensino gradual de estruturas frasais por meio de exercícios estruturais. Os alunos repetiam as estruturas apresentadas na sala de aula, visando à memorização e ao uso.

O professor controlava e dirigia o comportamento linguístico dos alunos. Com base nos princípios da teoria comportamentalista, a aquisição de uma língua era considerada um processo mecânico de formação de hábitos. Ao aluno não era permitido errar.

Nos últimos anos, observam-se tentativas de mudança na concepção de língua no ensino de línguas estrangeiras.

O foco no ensino passa a ser o uso da língua, o que deu origem ao método comunicativo, cujo objetivo é ensinar o aluno a se comunicar (Martins-Cestaro, 1999). Saber se comunicar significa, como lembra Martinez (2009), ser capaz de produzir enunciados linguísticos de acordo com a intenção de comunicação (pedir permissão, por exemplo), e conforme a situação de comunicação (*status*, escala social do interlocutor etc.). Os exercícios formais e repetitivos deram lugar, na metodologia comunicativa, aos exercícios de comunicação real ou simulada, mais interativos. As atividades gramaticais estão a serviço da comunicação.

Nesse sentido, a tarefa do professor não é corrigir o aluno visando à adequação morfossintática, mas inseri-lo em atividades discursivas nas quais ele seja exposto à língua, e não a vocábulos isolados.

O professor deixa de ocupar o papel principal no processo ensino-aprendizagem, de detentor do conhecimento, para assumir o papel de "orientador", "facilitador", "organizador" das atividades de classe.

Passando para as metodologias de ensino das línguas de sinais, os primeiros cursos para ensino da língua de sinais americana consistiam na apresentação de um vocabulário básico de sinais, sendo a orientação relativa aos traços não manuais a de usar muita expressão facial, como relatam Wilcox e Wilcox (2005).

Em relação ao ensino da Libras, a ênfase no vocabulário ainda é bastante comum. Os aprendizes são expostos a listas de sinais; esses sinais são, depois, combinados em orações propostas pelo professor, as quais seguem uma ordem de complexidade crescente, das mais simples para as mais complexas. O objetivo é que os aprendizes memorizem as estruturas trabalhadas e as usem. Como foi referido, essa forma de ensino predominou até recentemente também nas aulas de línguas estrangeiras.

Mais recentemente, observam-se propostas de ensino da Libras que enfatizam o uso da língua de sinais em diálogos. O objetivo é que os aprendizes aprendam a se comunicar. Ao usar a Libras, os aprendizes terão a oportunidade não só de entender e produzir os sinais, mas também de combiná-los em estruturas frasais e em pequenos relatos.

Wilcox e Wilcox lembram que, enquanto ambientes naturais aceleram a aquisição de habilidades comunicativas, os ambientes formais permitem o aprendizado de regras explícitas que o aluno pode aplicar adequadamente em situações específicas. Eles destacam que a visibilidade é essencial nas aulas de língua de sinais — daí a necessidade de atenção para o arranjo das cadeiras. As cadeiras em semicírculo possibilitam aos alunos visualizar e interagir com os colegas, e todos com o professor.

Se, como sugere o Decreto n. 5.626, os professores forem Surdos, os alunos terão a oportunidade de ter contato com pessoas Surdas, podendo, assim familiarizar-se com aspectos culturais das comunidades de Surdos.

Wilcox e Wilcox referem que as aulas do curso básico da língua de sinais Americana não oferecem espaço adequado para questões que os ouvintes frequentemente têm em relação à comunidade Surda. Essas questões, segundo Wilcox e Wilcox, precisam ser levantadas e respondidas provavelmente na língua nativa dos alunos. Assim, os autores sugerem que sejam oferecidas aulas nas quais os alunos estejam livres para fazer perguntas em sua língua oral. Nesses cursos, os alunos poderão discutir suas dúvidas sobre a surdez e as pessoas Surdas, assim como sobre a língua de sinais.

Cabe ressaltar que um curso básico da Libras deve possibilitar aos alunos não apenas o aprendizado da Libras, mas também um panorama que contemple o percurso histórico das línguas de sinais na educação de Surdos, aspectos culturais das comunidades Surdas e aspectos linguísticos da Libras. Outros aspectos poderiam ser incluídos, dependendo da carga horária destinada à disciplina.

## O ensino da Libras

Este capítulo focalizou as dificuldades comumente enfrentadas por aprendizes ouvintes no aprendizado da Libras. Visando ao ensino da Libras a aprendizes ouvintes, os professores surdos devem ter em mente que, envolvendo a classe em atividades discursivas, como diálogos e relatos, por exemplo, os alunos serão inseridos na língua em funcionamento e estarão mais preparados para usá-la na interação com interlocutores surdos.

Como foi possível verificar ao longo de todo o livro, o ensino da Libras envolve mais do que os sinais. Portanto, cabe ao professor propiciar aos aprendizes uma visão sobre os aspectos educacionais, linguísticos da Libras, bem como sobre a cultura Surda.

# Referências

BAKER, C. e PADDEN, C. "Focusing on the nonmanual components of American Sign Language." In: SIPLE, P. (ed.). *Understanding language through sign language research.* Nova York: Academic Press, 1978, p. 27-57.

BATTISON, R. "Phonological deletion in American Sign Language." *Sign Language Studies,* n. 5, p. 1-19, 1974.

BRASIL. Ministério da Educação. Secretaria de Educação Especial. Lei n. 10.436, de 24 de abril de 2002.

BRASIL. Decreto n. 5.626. Regulamenta a Lei n. 10.436, de 24 de abril de 2002, e artigo 18 da Lei n. 10.098, de 19 de dezembro de 2000. Brasília: SEESP/MEC, 2005.

BRITO. L. F. "A comparative study of signs for time & space in São Paulo & Urubu-Kaapor sign languages." In: *Proceedings of the III International Symposium on Sign Language Research 83.* Roma: Linstok Press, Inc. Istituto di Psicologia, 1985, p. 262-268.

_____. *Por uma gramática de Línguas de Sinais.* Rio de Janeiro: Tempo Brasileiro, 1995.

CECÍLIO, G.M. e SOUZA, C.D. "Identidade transitantes: o desencaixe do deficiente auditivo nos discursos de/sobre surdos e ouvintes". *Revista Virtual de Cultura Surda e Diversidade,* ed. 5, dez. 2009.

CICCONE, M. M. C. *Comunicação total — introdução, estratégias*: a pessoa surda. Rio de Janeiro: Cultura Médica, 1996.

CURIEL, M. e ASTRADA, l. Aprendiendo a comunicarse em Lengua de Señas. Argentina. *Cuaderno de Trabajo* 1. 2. ed. Associación de Sordos de Lomas de Zamora, 2000.

_____. Aprendiendo a comunicarse em Lengua de Señas. Argentina. *Cuaderno de Trabajo 2*. Associación de Sordos de Lomas de Zamora, 2000.

EMMOREY, K. "Processing a dynamic visual-spatial language: psycholinguistic studies on American Sign Language." *Journal of Psycholinguistic Research*, n. 2, v. 22. p. 153-187, 1993.

ERIKSSON, P. *The history of deaf people*. Suécia: TRYCKMAKARNA, Örebro AB, 1998.

FELIPE, T. A. "Introdução à gramática da LIBRAS". In: *Brasil*, Educação Especial — Língua Brasileira de Sinais. Volume III. Brasília: Secretaria de Educação Especial, SEESP, 1997, p. 81-116.

_____. "Libras em contexto: curso básico". *Livro do estudante cursista*. Brasília: Programa Nacional de Apoio à Educação dos Surdos. MEC, SEESP, 2001.

HALL, Stuart. "The spectacle of the other." In: *Representation. Cultural representations and signifying practices*. Londres: Thousand Oaks, 1997, p. 223-290.

_____. *A identidade cultural na pós-modernidade*. Rio de Janeiro: DP&A editora, 2006.

JACOBS, R. "Just how hard is it to learn ASL? The case for ASL as a truly foreign language". In: LUCAS, C. (ed.). *Multicultural aspects of sociolinguistics in deaf communities*. Washington: Gallaudet University Press, 1996, p. 183-217.

KARNOPP, L. "Literatura Surda." *Revista ETD* – Educação Temática Digital. Campinas, n. 2, v. 7, p. 98-109, 2006.

KLIMA, E. S. e BELLUGI, U. *The signs of language*. Cambridge: Harward University Press, 1979.

LABORIT, E. *O voo da gaivota*. São Paulo: Best Seller, 1994.

LADD, P. Time to locate the big picture? In: *Cross-linguistic perspective in sign language research*. Selected papers from TISLR 2000. 2003.

LANE, H. *When the mind hears* – a history of the Deaf. Nova York: Vintage Books, 1989.

_____. *The mask of benevolence*. Nova York: Vintage Books, 1992.

LANE, H., HOFFMEISTER, R. e BAHAN, B. *A journey into the Deaf-World*. Califórnia: DawnSign Press, 1996.

LEITE, T. A. e MCCLEARY, L. "Estudo em diário: fatores complicadores e facilitadores no processo de aprendizagem da Língua de Sinais Brasileira por um adulto ouvinte". In: QUADROS, R. M. de e STUMPF, M. R. (orgs.). *Estudos Surdos IV*. Petrópolis, Rio de Janeiro: Arara Azul, 2009, p. 241-276.

LIRA, G. A. e SOUZA, T. A. F. *Dicionário da Língua Brasileira de Sinais — LIBRAS*. Versão 2.0, 2006. Realização do projeto: Acessibilidade Brasil, disponível em: <http://www.acessobrasil.org.br>. Acesso em 2 mai. 2006.

MAIS produtos para deficientes auditivos. In: jorwiki.usp.br. Disponível em: <http://www.jorwiki.usp.br/gdmat08/index.php/Mais_produtos_e_servi%C3%A7os_para_deficientes_auditivos>. Acesso em: 1 dez. 2010.

MARCHESI, A. *El desarollo cognitivo y lingüístico de los niños sordos:* perspectivas educativas. Madri: Alianza, 1991.

MARKOWICZ, H. "Myths about ASL". In: LANE, H. e GROSJEAN, F. (eds.). *Recent Perspectives on American Sign Language*. Hillsdale, New Jersey: Lawrence Erlbaum Associates, Publishers, 1980, p. 1-6.

MARTINEZ, P. *Didática de línguas estrangeiras*. São Paulo: Parábola Editorial, 2009.

MARTINS, Ricardo Vianna. "Identificação, exclusão e Língua de Sinais". In: THOMA, Adriana da Silva e LOPES, Maura Corcini (orgs.). *A invenção da Surdez*: cultura, identidade e diferença no campo da educação. Santa Cruz do Sul: Edunisc, 2004, p. 191-207.

MARTINS-CESTARO, S. "O ensino da Língua Estrangeira — história e metodologia". *Videtur* (USP), v. 6, p. 45-56, 1999.

METZGER, M. "Constructed dialogue and constructed acion in American Sign Language". In: LUCAS, C. (ed.) *Socio-linguistics in Deaf Communities*. Washington: Gallaudet University Press, 1995, p. 255-271.

MOORES, D. F. *Educating the deaf: psychology, principles and practices*. 4. ed. Boston: Houghton Mifflin, 1996.

MORGAN, G. "The development of narrative in British Sign Language". In: SCHICK, B., MARSCHARK, M. e SPENCER P. (eds.). *Advances in Sign Language Development in Deaf Children*. Oxford University Press, 2005.

MOURA, M. C. *O Surdo:* caminhos para uma nova identidade. Rio de Janeiro: Revinter, 2000.

PEREIRA, M. C. C. Aquisição da Língua Portuguesa por aprendizes surdos. *Anais do Seminário Desafios para o próximo milênio*. Rio de Janeiro: INES, 2000, p. 95-100.

_____. *Leitura, escrita e surdez*. Secretaria da Educação, CENP/CAPE. São Paulo: FDE, 2005.

PEREIRA, M. C. C. e NAKASATO, R. "A Língua de Sinais em funcionamento". *Revista Intercâmbio*, v. XI. São Paulo: Programa de Estudos Pós-graduados em Linguística Aplicada e Estudos da Linguagem (LAEL), PUC-SP, 2002, p. 69-76.

PERLIN, G. *ETD* — Educação Temática Digital. Campinas, n. 2, v. 7, p. 135-146, jun. 2006.

PIMENTA, N. e QUADROS, R. M. *Curso de LIBRAS 1*. 2. ed. Rio de Janeiro: LSB Vídeo, 2007.

_____. *Curso de LIBRAS 2*. Rio de Janeiro: LSB Vídeo, 2009.

QUADROS, R. M. de. *Educação de surdos:* aquisição da linguagem. Porto Alegre: Artes Médicas, 1997.

_____. *"Phrase structure of Brazilian Sign Language"*. (Tese de doutorado.) Porto Alegre: PUC-RS, 1999.

QUADROS, R. M. e KARNOPP, L. B. *Língua de Sinais Brasileira:* estudos linguísticos. Porto Alegre, RS: ArtMed, 2004.

QUADROS, Ronice Müller de. *Políticas linguísticas:* as representações das línguas para os surdos e a educação de surdos no Brasil. Instituto de investigação e desenvolvimento em política linguística. Disponível em: <http://www.ipol.org.br/imprimir.php?cod=382>. Acesso em: 2 maio 2006.

RAYMAN, J. "Storytelling in the Visual Mode: A comparison of ASL and English." In: WINSTON, E. (ed.). *Storytelling & Conversation*. Discourse in Deaf Communities. Washington, DC: Gallaudet University Press, 1999, p. 59-82.

ROCHA, S. *Revista Espaço:* Edição Comemorativa 140 anos. Belo Horizone: Littera, 1997.

SANTANA, A. P. e BÉRGAMO, A. "Cultura e identidade surda: encruzilhada de lutas sociais e teóricas". *Revista Educação e Sociedade*, n. 91, p. 565-582, v. 26, 2005.

SÃO PAULO (SP). Secretaria Municipal de Educação. Diretoria de Orientação Técnica. *Projeto Toda Força ao 1º ano:* contemplando as especificidades dos alunos surdos. São Paulo: Secretaria Municipal de Educação/Diretoria de Orientação Técnica, 2007.

_____. Diretoria de Orientação Técnica. *Orientações curriculares e proposição de expectativas de aprendizagem para a Educação Infantil e Ensino Fundamental*: Língua Brasileira de Sinais. São Paulo: Secretaria Municipal de Educação/Diretoria de Orientação Técnica, 2008.

SCHLESINGER, H. e MEADOW, K. "The acquisition of bimodal language". In: I. M. SCHLESINGER e NAMIR, L. (orgs.). *Sign Language of the deaf*. Nova York: Academic Press, 1978.

SKLIAR, C. "Uma perspectiva sócio-histórica sobre a psicologia e a educação dos surdos". In: *Educação & Exclusão*: Abordagens sócio-antropológicas em educação especial. SKLIAR, C. (org.) Porto Alegre: Editora, 1997, p. 106-153.

_____. "Problematizando los conceptos y las didácticas de la lengua escrita en la educación para sordos". *Anais do VI Congreso Latinoamericano de educación bilíngüe-bicultural para sordos*. Publicado em CD. Santiago de Chile, jul. 2001.

_____. "Um olhar sobre o nosso olhar acerca da surdez e das diferenças". In: SKLIAR, C. (org). *A surdez*: um olhar sobre as diferenças. Porto Alegre: Mediação, 1998, p. 7-32.

STOKOE, W. *Sign Language Structure*. Silver Springs, Maryland: Linstok Press, 1960.

STROBEL, K. *As imagens do outro sobre a cultura surda*. Florianópolis: Editora da UFSC, 2008.

STRNADOVÁ, V. *Como é ser surdo*. Petrópolis: Babel, 2000.

SUTTON-SPENCE, R. e QUADROS, R. M. "Poesia em Língua de Sinais: traços da identidade surda". In: QUADROS, R. M. de (org.). *Estudos Surdos I*. Petrópolis: Arara Azul, 2006, p. 110-165.

VALLI, C. e LUCAS, C. "Linguistics of American Sign Language: An introduction". 3. ed. Washington: Gallaudet University Press, 2000.

VIEIRA, M. I. S. *O efeito do uso de sinais na aquisição de linguagem por crianças surdas, filhas de pais ouvintes*. (Dissertação de Mestrado.) PUC-SP, 2000.

WILCOX, S. e WILCOX, P. P. *Aprendendo a ver:* o ensino de ASL como segunda língua. Rio de Janeiro: Arara Azul, 2005.

WINSTON, E. "Spatial referencing and cohesion in na American Sign Language text". *Sign Language Studies*, n. 73, p. 397-410, 1991.

WOODWARD, J. *How you gonna get to heaven if you can't talk with Jesus* — on depathologizing deafness. Maryland: T. J. Publishers, 1982.

# Índice remissivo

## A

Abordagem
  multissensorial, 11
  unissensorial, 11
Adjetivos na Libras, 76, 78-79
Alfabeto digital/manual, 7-13, 43, 61, 99-101, 105
Aparelhos de amplificação sonora individual, 10
Aplicativos de tradução, 54
Aprendizado da Libras, 92, 99, 113
Aspectos
  fonológicos, 61-69
  linguísticos da língua brasileira de sinais, 59-92
  morfológicos, 70-76
  sintáticos, 88-90
Associações de Surdos, 10, 44, 46

## B

Babás luminosas, 52
Bilinguismo, 12, 13, 14, 16
  na educação de Surdos, 15-16
Bimodalismo, 12

## C

Campainhas luminosas, 51-52
Características do comportamento comunicativo das pessoas Surdas durante suas interações
  assegurar a comunicação, 37
  compartilhar informação, 37
  despedida, 37
  início de conversa, 36
  virar as costas, 37
Categorias gramaticais, 76-83
Celular com acesso à Libras, 53-54
Charles-Michel de L' Epée, 8
Classificadores, 78, 82-83, 91
Closed caption, 54-55
Comunicação
  gestual, 3
  total, 11, 12, 14
Comunidade Surda, 3, 28, 34, 40, 41, 44, 45, 46, 50, 113
Concepção de surdez e a prática docente, 22
Concepções de surdez e de surdos, 20-22
  concepção clínico-patológica, 20-21, 22
  concepção socioantropológica, 21-22

Configuração das mãos
   A, S e E, 102-103
   F, 61
   F e T, 104
   H, K e P, 103
   I e Y, 101
   P, 62
Constituição da identidade e da cultura Surda, 55-56
Constituintes da cultura Surda, 38
   costumes, 39-45
   expressão artística, 45-51
   valores, 38-39
Criação de novos sinais
   composição, 48, 71, 95
   derivação, 70, 71
   incorporação de negação, 73-75
   incorporação de numeral, 73
   incorporação do argumento, 72
Cultura Surda, 15, 22, 28, 29, 34-55, 114

## D

Datilologia, 61
Deficientes auditivos, 30
Déficit auditivo, 21, 34
Depositário de conhecimento cultural, 35, 38-51
   costumes, 39-43
   expressão artística, 45-51
   história, 45
   valores, 38-39
Despertador vibratório, 52
Dia do Surdo, 33
Dificuldades comuns no aprendizado da Libras
   com a orientação e o movimento das mãos, 109-110
   com a sintaxe, 107-109
   com o alfabeto manual, 99-101
   com traços não manuais, 105-107
   comuns aos aprendizes de Libras, 99-110
   outras, com o alfabeto manual, 105

## E

E. Huet, 13
Educação de surdos, 5-14, 15-16, 20, 22, 29, 43, 98, 113
Ensino da língua brasileira de sinais, 95-114, 113-114
Escolas para surdos, 7, 8, 9, 14, 20
Esperanto, 4

## F

Flexão nominal na Libras, 87-88
Flexão verbal, 84-87
Formação dos sinais na Libras, 61-65

## G

Gesticulação, 9
Gestuno, 4
Grupos e pontos de encontro, 43-44

## H

História da educação de surdos, 6, 7, 20
   primeira fase: até 1760, 7
   segunda fase: até 1760 a 1880, 7-10
   terceira fase: depois de 1880, 10
Humor Surdo, 50

## I

Identidade Surda, 26, 28, 34, 38, 46, 96

Imperial Instituto de Surdos-Mudos, 13
Instituto Educacional São Paulo (IESP), 14
Instituto Nacional de Educação de Surdos (INES), 13, 14
Instituto Santa Terezinha, 14
Interação do Surdo com o mundo, 26-34

## L

Legenda oculta, 54-55
Leitura orofacial, 9, 11
Libras, 14, 20, 25-56, 60, 61, 65, 66, 68, 69, 70, 71, 72, 73, 76, 78, 81, 84-88, 90-92, 95, 96-99, 101, 102, 103, 105, 106, 107, 108, 110-113, 114
Língua Brasileira de Sinais (Língua de Sinais Brasileira), 14, 25-56, 29, 59-92, 95-114
Línguas de sinais, 3-22, 30, 45, 49, 50, 55, 56, 59, 60, 61, 70, 90, 91, 95, 112, 113
Língua de sinais três papéis para os Surdos
    depositário de conhecimento cultural, 35, 39-43
    meio de interação social, 35-38
    símbolo de identidade, 35
Língua de Sinais Americana, 11, 12, 16, 17, 51, 59, 60, 106, 112, 113
Língua de Sinais Francesa (LSF), 8, 13, 27
Línguas naturais, 4, 17, 19
Línguas orais-auditivas, 60
Literatura Surda brasileira, 46

## M

Método
    oral, 9, 10
    oral-aural, 9
    visual, 9
Metodologias de ensino da Libras, 110-113
Mitos sobre as línguas de sinais
    1 – A língua de sinais é universal, 17-18
    2 – A realidade deve basear-se no vocábulo, 18
    3 – Os sinais são gestos glorificados, 18
    4 – As línguas de sinais são icônicas, 18-19
    5 – As línguas de sinais só expressam conceitos concretos, 19
    6 – As línguas de sinais são agramaticais, 19-20
Modalidade visual-espacial, 99
Modelo ouvintista, 33
Mudança de papel na formação dos sinais, 91
Mudança no movimento na formação de sinais, 70

## N

Narrativas na Libras, 90-92

## O

Oficialização da Libras
    Lei Federal n. 10.098, 96
    Lei Federal n. 10.436, 96
    Lei de Libras, 96

Oralismo, 9, 11, 14
Ouvintismo, 33

## P

Palavra falada, 8
Pantomima, 3, 4, 12
Paramêtros para formação dos sinais na Libras
   configuração das mãos, 61-62
   localização, 63
   movimento, 64
   orientação das palmas das mãos, 65
   traços não manuais, 65
Pedro Ponce de Leon, 7
Pequeno histórico da educação dos surdos no Brasil, 13-14
Primeiros estudos sobre as línguas de sinais, 16-20
Pronomes na Libras
   pessoais, 79-81
   possessivos, 81-82

## R

Relógio de pulso vibratório, 52

## S

Samuel Heinicke, 8

Serviços de mensagem de texto via celular, 54
Sinal pessoal – critérios para atribuição
   aparência física da pessoa, 42
   comportamento constante, 42
   o que a pessoa gosta de fazer, 43
   uso constante de objetos, 42
Siso (Sistema de Intermediação Surdo-Ouvinte), 45, 53
Sistema de videoconferência, 54
Surdez, 5, 9, 10, 20-28, 34, 39, 41, 113

## T

Teatro Surdo, 50
Tecnologia: adaptações culturais, 51-55
Telefone para surdos, 53
Terminal Telefônico para Surdos (TTS), 53
Thomas Braidwood, 8
Traços distintos da Libras, 66-69

## V

Verbos
   direcionais, 76, 77
   espaciais, 76, 78
   simples, 76

# Sobre os autores

## Maria Cristina da Cunha Pereira

É graduada em letras (português-inglês) pela Universidade Mackenzie, tem mestrado em linguística aplicada ao ensino de línguas pela Pontifícia Universidade Católica de São Paulo (PUC-SP) e doutorado em linguística pela Universidade Estadual de Campinas (Campinas). Atualmente, é professora titular da PUC-SP e linguista da Divisão de Educação e Reabilitação dos Distúrbios da Comunicação na mesma instituição. É professora da parte teórica da disciplina de Libras, da PUC-SP, pesquisadora na área da surdez e tem publicações na área de aquisição da Libras e da língua portuguesa por crianças surdas.

## Daniel Choi

É formado em design industrial e graduado em letras/Libras, com habilitação em licenciatura em Libras, pela Universidade Federal de Santa Catarina, com polo na Universidade de São Paulo (USP). É professor do ensino fundamental da Divisão de Educação e

Reabilitação dos Distúrbios da Comunicação (DERDIC) e professor de Libras, certificado pelo Exame Nacional de Certificação de Proficiência em Língua Brasileira de Sinais, na categoria Usuários da Libras, surdos, com escolaridade de nível superior. É professor da parte prática de Libras da PUC-SP. Além de ter formação na área da surdez, Daniel é surdo e envolvido na comunidade Surda.

### Maria Inês da S. Vieira

É graduada em pedagogia, com habilitação em Educação dos Deficientes da Audio-comunicação (EDAC), pela PUC-SP e tem mestrado em educação: distúrbios da comunicação, pela mesma instituição.

É tradutora-intérprete de nível superior da Libras, certificada pelo Exame Nacional de Certificação de Proficiência em Língua Brasileira de Sinais, do Ministério da Educação (MEC). É coordenadora do programa de acessibilidade/Libras e professora dos cursos e das oficinas de Libras da DERDIC. Tem experiência na área de educação, com ênfase em surdez, e é envolvida na comunidade Surda.

### Priscilla Roberta Gaspar

É graduada em pedagogia, com habilitação em EDAC, PUC-SP, graduada em letras-Libras, com habilitação em licenciatura em Libras, pela Universidade Federal de Santa Catarina (UFSC), com polo na USP. É certificada como agente multiplicador pelo MEC/Federação Nacional de Educação e Integração dos Surdos (FENEIS). É professora do Ensino Fundamental da DERDIC e professora da Libras, certificada pelo Exame Nacional de Certificação de Proficiência em Língua Brasileira de Sinais, na categoria Usuários da Libras, surdos, com escolaridade de nível superior. Além de ter formação na área da surdez, Priscilla é surda e muito envolvida na comunidade Surda. Por ter uma família com 28 membros surdos, vivencia a cultura surda desde o nascimento, tendo a língua de sinais como primeira língua, além de ser fluente na língua portuguesa, sua segunda língua.

**Ricardo Nakasato**

É graduado em pedagogia, habilitação em EDAC, pela PUC-SP, graduado em letras-Libras, habilitação licenciatura em Libras, pela UFSC, com polo na USP. É professor do Ensino Fundamental da DERDIC e da Libras. É também professor da parte prática de Libras da PUC-SP e coordena a parte prática dos cursos de Libras, níveis básico, intermediário e avançado, ministrados na DERDIC. É colaborador em pesquisas sobre a Libras e tem vários trabalhos publicados. Além de ter formação na área da surdez, Ricardo é surdo, muito envolvido e respeitado na comunidade Surda. Participa ativamente dos movimentos em favor de legislação para melhores condições de educação, de vida e de formação das pessoas surdas.